노래로 읽는 한국현대사

유행가는 역사다

목차

그 시절 그 노래 28곡에 담긴
잊지 못할 역사적 사건들

시골에서 태어나고 자란 나는 유년 시절엔 이미자, 나훈아, 남진, 배호, 문주란의 노래를, 청소년 시절엔 혜은이, 이은하, 조용필, 전영록, 이문세, 이선희의 노래를 들으며 '문화 불모지대'에서의 팍팍했던 유소년기를 보냈다.

TV도 귀했고, 영화 구경도 힘든 시골에서 일제 소니 카세트로 들었던 그 노래들은 6볼트짜리 대형 배터리를 고무줄로 동동 싸맨 금성 트랜지스터 라디오와 함께 당시엔 어쩌면 유일한 문화였고 오락이었는지도 모른다.

고교 시절 마산에서 자취생활을 할 때에는 라디오와 음악이 객지생활의 외로움과 고단함을 달래주는 좋은 친구였다. 당시 학생들에게 인기가 높았던 심야 라디오 프로그램인 이종환의 '밤의 디스크쇼'나 이수만-서세원-이문세로 이어진 '별이 빛나는 밤에'를 많이 듣기도 했지만, 학교 마치고 집에 오면 저녁에 방송됐던 이주일의 '세월따라 노래따라'라는 흘러간 노래를 주로 틀어주는 가요 프로그램을 즐겨 들었던 기억도 난다.

나는 지금도 출퇴근길에 유튜브를 통해 자주 음악을 듣는다. 김연자의 '아모르파티'로 일상의 스트레스를 훌훌 날리고, 김광석의 '서른 즈음에'를 읊조리며 젊은 날의 고뇌와 추억을 반추하고, 제주소년 오연준의 '바람의 빛깔' '고향의 봄'을 들으며 세파에 찌든 삶을 힐링한다.

이처럼 노래는 나에게 삶의 동반자다. 미당 서정주 시인이 '나를 키운 건 8할이 바람이었다'고 했지만, 정말이지 '나를 키운 건 8할이 노래였다'고 말할 수 있겠다. 그렇게 나는 이미자와 나훈아와 배호와 혜은이와 조용필과 이문세와 이선희와 함께 그 험하고 거친 '세월의 강'을 웃고 울며 건너왔다.

대중가요는 그 시대의 거울이다. 일제 강점기 대중가요는 민족의 애환을 담고 있었으며, 식민지와 근대화라는 이중고에 시달리던 대중들에게 위무제로서의 역할을 하였다. 당시의 가요는 식민지라는 상황 아래 허무와 눈물로 일관된 작품들이 많았다.

해방 이후 우리 가요는 혼돈의 시대 상황과 마찬가지로 기존 가요의 흐름들 속에서 흥미로운 이국 취향과 새로운 노래들이 모습을 드러내는 등 서로 다른 트렌드들이 충돌하는 전환기를 맞게 된다.

대중가요는 언제나 대중의 욕망과 함께 발전한다. 1950년대는 어지러운 시대의 현실을 잊으려 했기에 당시 대중들은 미국이라는 미지의 세계와 대중문화를 동경하기 시작했다. 그러면서 1960년대에는 새로운 서양음악의 장르가 한국 대중가요에 주류로 떠오르게 된다.

최희준, 패티김, 현미, 한명숙 등 미8군 쇼 무대 출연 가수들의 진출로 본격적인 미국풍의 스탠더드 팝 음악이 유입되면서 이미자와 배호, 나훈아가 이끈 트로트와 함께 한국 대중음악의 양대 산맥을 형성한다.

1970년대는 통기타와 청바지로 대표되는 청년문화가 꽃을 피우며 한국 문화를 뒤흔든 시기였다. 통기타 하나만을 가지고 자신이 하고 싶은 노래를 아무 때나 부르기 시작한 포크 문화는 급속도로 대학가와 청년층에 확산됐다. 신중현, 김민기, 송창식, 이장희 등이 포크 음악의 대표적인 가수들이다.

'가왕' 조용필의 시대였던 1980년대는 록 음악 역시도 성공적인 대중화가 이루어진 시기였다. 송골매 등이 대학가요제를 통해 이름을 알렸고 김수철, 전영록, 들국화 등이 개성 있는 노래를 통해서 큰 인기를 끌었다.

1990년대에는 '문화 대통령'으로 불렸던 서태지와아이들의 등장과 함께 변진섭, 신승훈, 조성모 등에 의한 발라드 장르도 새롭게 모습을 드러냈다. 2000년대 이후에는 아이돌 음악의 새로운 바람이 불기 시작했고, 싸이와 방탄소년단(BTS)이 미국 빌보드 차트 최상위권에 오르면서 한국 음악의 세계화가 이루어졌다.

이 책에서는 이러한 가요사의 전반을 담지는 못했지만 대중가요에 담긴 역사적 사건을 통해 격동의 시대상을 투영해보는 새로운 시도를 하고자 한다.

동학농민운동에서 시작해 일제 강점기와 8·15 해방, 그리고 6·25

전쟁, 4·19 혁명, 베트남전 파병, 10·26 사태, 5·18 광주 민주화운동, 6월항쟁, 세월호 침몰 등 한국 현대사를 뒤흔든 굵직한 역사적 사건뿐 아니라 윤심덕 정사사건, 조두형 유괴사건, 신금단 부녀 상봉, 김득구 사망, 지강헌 인질사건, 개구리 소년 실종 등도 '노래와 역사의 만남'이라는 독특한 방식으로 새롭게 조명했다.

특히 대중들에게 그리 알려지지 않은 새롭고 재미있는 내용도 많이 담았다. '사의 찬미' 윤심덕과 김우진의 생존설, 조용필의 '돌아와요 부산항에' 원곡이 '돌아와요 충무항에'라는 사실, 대학가요제 대상곡인 정오차의 '바윗돌'이 금지곡 된 이유, 복서 김득구의 아들이 치과의사가 되어 맨시니를 만난 사연 등이 그것이다.

이 책이 나오기까지 많은 사람들의 도움을 받았다. 책을 쓰는 과정에 있어서 많은 조언과 격려를 해준 동아일보·채널A 선후배 여러분께 진심으로 고마움을 전한다. 대한민국 정부 사진집에 실린 사진 사용을 허락해준 문화관광부에도 감사의 말씀을 드린다.

그리고 내 삶의 영원한 후원자이자 버팀목이신 부모님과 장인·장모님, 20여년 주말부부 생활 속에서 온갖 고생을 마다하지 않은 아내 신은화, 의젓하게 잘 자라준 딸 예진과 아들 선우에게도 고맙다는 말과 함께 사랑한다는 말을 전하고 싶다. 끝으로 흔쾌히 출판을 맡아주신 휴앤스토리에도 깊은 감사를 드린다.

2018년 11월
광화문 동아미디어센터에서

이영훈

전봉준

새야 새야 파랑새야 (동학농민전쟁)

새야 새야 파랑새야
녹두밭에 앉지 마라
녹두꽃이 떨어지면
청포장수 울고 간다

새야 새야 녹두새야
전주고부 녹두새야
어서 바삐 날아가라

댓잎 솔잎 푸르다고
하절인줄 알았더니
백설이 펄펄
엄동설한 되었구나

1

우금치에 살아 숨 쉬는 녹두장군의 얼

'새야 새야 파랑새야'는 1894년 일어난 동학농민전쟁의 지도자인 전봉준을 기리는 구전민요다. 아리랑처럼 대개의 민요가 여러 사람의 입에서 입으로 전해지면서 조금씩 그 모습을 바꾸었듯이 '새야 새야 파랑새야'도 다양한 가사가 전해지고 있다.

가사의 해석을 놓고도 이견이 많은데 가장 큰 쟁점은 '파랑새'를 누구로 볼 것인가 하는 것이다. 일반적으로 파랑새는 희망의 이미지가 있기 때문에 전봉준을 가리킨다고 보는 사람들이 많다.

이렇게 해석하는 이유는 전봉준의 '전(全)'을 파자(破字)하면 팔(八)+왕(王)이 되어 '파랑'과 같은 발음이라는 것이다. 즉 전봉준이 새로운 왕 '팔왕'이 되어 나라를 잘 이끌어 달라는 바람이 들어있다는 것이다.

그런데 문제가 있다. 이렇게 해석하면 '새야 새야 파랑새야 녹두밭에 앉지 마라'라는 구절에서 고개를 갸웃하게 된다. 당시 전봉준은 키는 작았으나 알찬 녹두처럼 다부져서 '녹두장군'으로 불렸는데, '전봉준을 지칭하는 파랑새가 전봉준을 상징하는 녹두밭에 앉지 마라'는 것은 말이 안 되기 때문이다.

그래서 파랑새의 파랑은 '팔왕'이 아니라 청(淸), 즉 동학농민군을 진압하기 위해 조선 땅에 온 청나라 군사와 일본 군사들을 싸잡아 일컫는다는 해석도 나온다. 청(淸)은 '푸를 청(靑)'과 음이 같고 일본군은 당시 푸른 군복을 입었기 때문이라는 것이다.

성난 농민들, 관아를 습격하다

동학농민운동은 1894년 동학 세력이 주축이 되어 일으킨 대규모 민란이다. 우리나라 역사에서 아래로부터의 근대적 개혁과 반외세를 동시에 내건 최초의 무장 투쟁으로 그 정신은 이후 항일 의병운동으로 이어졌다는 평가를 받고 있다.

농민봉기의 불씨가 된 것은 고부군수 조병갑의 탐학에서 비롯됐다. 조기숙 전 청와대 홍보수석의 증조부인 조병갑이 '만석보'라는 저수지를 쌓은 후 사용료를 부과하고, 자신의 아버지 공덕비를 세우겠다며 엄청난 조세를 걷어 백성들의 원성이 높았다.

조병갑은 자신의 욕심을 채우기 위해 농민들을 관아로 잡아들여 불효, 음행, 잡기 등의 죄목을 씌워 재물을 약탈하였다. 가뭄이 들어도 세금을 줄여주기는 커녕 오히려 더 많은 세금을 징수하기도 했다.

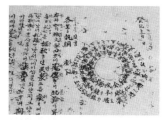

동학농민운동 최초 참가자들의 이름이 적힌 '사발통문'. 주모자가 드러나지 않도록 사발을 엎어 그린 원을 중심으로 명단을 적은 문서이다

1893년 12월. 더 이상 참을 수 없게 된 고부의 동학교도들은 전봉준을 장두(狀頭, 여러 사람이 서명한 상소의 첫 머리에 이름을 적은 사람)로 삼아 관아를 찾아가서 조병갑에게 시정을 요구했다. 그러나 조병갑은 전봉준 일행을 관아에서 쫓아냈다. 전봉준은 이대로 주저앉을 수 없었다.

그는 고부의 동지 20명을 규합했다. 그리고 "났네 났어 난리가 났어. 에이 참 잘 되었지. 그냥 이대로 지내서야 백성이 한 사람이라도 어디 남겠나"라는 내용이 담긴 사발통문을 전라도 각지의 동학교도들에게 돌렸다. '사발통문'은 주모자가 드러나지 않도록 사발을 엎어 그린 원을 중심으로 참여자의 명단을 빙 둘러 적은 문서이다.

전봉준이 돌린 사발통문을 보고 몰려든 동학교도들이 1,000여 명. 전봉준은 이들과 함께 거사를 맹약하고 고부 관아를 습격했다. 급습을 받은 조병갑은 전주로 피신하고 관아에 있던 군졸들도 제각기 무기를 놓고 줄행랑을 쳤다.

고부 관아를 접수한 전봉준은 무기고를 털어 농민군을 무장하도록 했다. 또 불법적으로 빼앗겼던 세곡을 창고에서 꺼내어 농민들에게 나눠 주었다. 이것이 '고부민란'이다.

'보국안민'의 깃발을 들다

혁명은 이렇게 시작되었다. 동학농민군은 폭정을 제거하고 백성을 구한다는 '제폭구민(除暴救民)'과 나라 일을 돕고 백성을 편안하게 한다는 '보국안민(輔國安民)'을 기치로 내걸고 용맹하게 싸웠지만 신식 무기로 무장한 관군과 일본군의 상대가 되지는 못했다.

전라도 지역을 동학농민군에게 내준 조정이 청과 일본에 출병을 요청한 것이다. 동학농민군은 우금치 전투의 패배로 수세에 몰렸다. 이에 현상금에 눈이 어두웠던 예전의 부하 김경천의 밀고로 들이닥친 관군에 의해 그는 체포되고 만다. 신분 차별을 없애고 가혹한 세금 줄이고, 그저 사람이 사람답게 사는 세상을 만들고자 했던 그의 꿈은 이렇게 무너진다. 체포된 전봉준은 서울로 압송된다.

이 장면을 묘사한 안도현의 시 '서울로 가는 전봉준'(1984년 동아일보 신춘문에 당선작)이다.

눈 내리는 만경 들 건너가네
해진 짚신에 상투 하나 떠 가네
가는 길 그리운 이 아무도 없네
녹두꽃 자지러지게 피면 돌아올거나
울며 울지 않으며 가는
우리 봉준이
풀잎들이 북향하여 일제히 성긴 머리를 푸네

그 누가 알기나 하리
처음에는 우리 모두 이름 없는 들꽃이었더니
들꽃 중에서도 저 하늘 보기 두려워
그늘 깊은 땅속으로 젖은 발 내리고 싶어 하던
잔뿌리였더니

그대 떠나기 전에 우리는
목쉰 그대의 칼집도 찾아주지 못하고
조선 호랑이처럼 모여 울어주지도 못 하였네
그보다도 더운 국밥 한 그릇 말아주지 못 하였네
못다 한 그 사랑 원망이라도 하듯
속절없이 눈발은 그치지 않고
한 자 세 치 눈 쌓이는 소리까지 들려오나니

그 누가 알기나 하리

겨울이라 꽁꽁 숨어 우는 우리나라 풀뿌리들이

입춘 경칩 지나 수군거리며 봄바람 찾아오면

수천 개의 푸른 기상나팔을 불어제낄 것을

지금은 손발 묶인 저 얼음장 강줄기가

옥빛 대님을 홀연 풀어헤치고

서해로 출렁거리며 쳐들어갈 것을

우리 성상(聖上) 계옵신 곳 가까이 가서

녹두알 같은 눈물 흘리며 한 목숨 타오르겠네

봉준이 이 사람아

그대 갈 때 누군가 찍은 한 장 사진 속에서

기억하라고 타는 눈빛으로 건네던 말

오늘 나는 알겠네

들꽃들아

그날이 오면 닭 울 때

흰 무명띠 머리에 두르고 동진강 어귀에 모여

척왜척화 척왜척화 물결소리에

귀를 기울이라

유행가는 역사다

민중들,
녹두장군을 노래하다

　　　　전봉준은 서울로 압송된 뒤에 이미 조선의
주인 행세를 하고 있던 일본군에게 넘겨졌다. 일본군의 고문은 가혹
했다. 그러나 전봉준은 끝까지 자신의 신념을 굽히지 않았다. '나라의
모든 것은 왕의 것이다'라는 봉건적인 세상에 반기를 들고 외세를 물
리쳐야 한다는 전봉준의 신념은 반외세, 반봉건이라는 뚜렷한 의식
을 가지고 있었다.

　고문과 수차례에 걸친 취조에도 굴하지 않던 전봉준은 결국 사형
을 선고받는다. 이때의 김홍집 내각은 일본의 꼭두각시였다. 전봉준
은 1895년 3월 29일 손화중, 김덕명 등 동지들과 함께 교수형으로 처
형되었다.

　전봉준의 최후는 장렬했다. 집행관이 교수대 위에 선 전봉준에게
남길 말이 없느냐고 묻자 "나는 다른 할 말이 없다. 나를 죽일진대,
종로 네거리에서 나의 목을 베어 오가는 사람에게 내 피를 뿌려주는
것이 옳거늘 어찌 컴컴한 적굴 속에서 암연히 죽이느냐"며 집행관을
꾸짖고는 태연히 오랏줄에 목을 걸었다.

　새야 새야 파랑새야
　녹두밭에 앉지 마라

녹두꽃이 떨어지면
청포장수 울고 간다

　전봉준의 동학농민전쟁이 실패한 것을 안타까워하는 민중들 사이
에서 회자됐던 이 노래는 전봉준에 대한 민중들의 살가운 애정과 경
외심을 담고 있다.
　아! 녹두장군 전봉준.
　우금치 마루에 흐르던 소리 없는 통곡이 지금도 귓가에 들리는 듯
하다.

1894년 동학농민운동을 주도했다가 체포돼 서울로
압송되는 '녹두장군' 전봉준

사의 찬미 (윤심덕 정사 사건)

광막한 황야에 달리는 인생아
너의 가는 곳 그 어데냐
쓸쓸한 세상 험악한 고해에
너는 무엇을 찾으러 가느냐
눈물로 된 이 세상에 나 죽으면 그만일까
행복 찾는 인생들아 너 찾는 것 설움

웃는 저 꽃과 우는 저 새들이
그 운명이 모두 다 같구나
삶에 열중한 가련한 인생아
너는 칼 위에 춤추는 자로다
눈물로 된 이 세상에 나 죽으면 그만일까
행복 찾는 인생들아 너 찾는 것 설움

허영에 빠져 날뛰는 인생아
너 속혔음을 네가 아느냐
세상의 것은 너에게 허무니
너 죽은 후에 모두 다 없도다
눈물로 된 이 세상에 나 죽으면 그만일까
행복 찾는 인생들아 너 찾는 것 설움

2

1926년 8월 4일 새벽 4시.

일본 시모노세키발 부산행 관부(關釜)연락선 '도쿠주마루'가 칠흑 같은 어둠을 뚫고 대마도를 지나고 있었다. 이때 갑자기 순찰 승무원이 선장실로 헐레벌떡 뛰어들었다.

"선장님, 일등 객실에 탔던 남녀 손님 2명이 없어졌습니다."

배에는 비상이 걸렸다. 배는 항로를 거슬러 오르며 수색을 거듭했지만 아무도 발견하지 못했다. 실종자가 남긴 것은 "미안하지만 짐을 집으로 보내 주시오"라고 쓰인 객실의 메모 한 장뿐이었다. 항해 중인 여객선에서 사라진 두 사람이 갈 곳은 바다밖에 없었다. 그들은 이른바 '현해탄'이라 불리는 대한해협의 어두운 심해로 뛰어든 것이었다.

실종된 남녀는 극작가 김우진과 배우 출신의 소프라노 가수 윤심덕이었다. 이들은 서른 살의 동갑내기였다. 김우진은 이미 결혼을 했고 윤심덕은 미혼이어서 이루어질 수 없는 사랑을 비관하여 정사(情死, 서로 사랑하는 남녀가 그 뜻을 이루지 못하여 함께 자살하는 일)를 선택한 것으로 알려지면서 한국과 일본, 양국에서 호사가들의 입방아에 오르내렸다.

절망한 연인,
현해탄에 몸을 던지다

　　　　　　　이튿날 동아일보, 조선일보, 매일신보 등 국내신문은 물론 일본 신문들까지 이 소식을 대대적으로 보도했다. 다음은 동아일보가 '현해탄 격랑 중에 청춘남녀의 정사'라는 제목으로 보도한 내용이다.

"지난 3일 밤 11시에 시모노세키를 떠나 부산으로 항해하던 관부연락선 도쿠주마루가 4일 오전 4시경 쓰시마섬 옆을 지날 즈음 양장을 한 여자 한 명과 중년 신사 한 명이 서로 껴안고 갑판에서 돌연히 바다에 몸을 던져 자살했는데, 즉시 배를 멈추고 부근을 수색했으나 종적을 찾지 못했다.

승객명부에 남자는 전남 목포부 북교동 김수산(30세), 여자는 경성부 서대문정 2정목 273번지 윤수선(30세)이라고 씌어 있지만 본명이 아니

고, 남자는 김우진, 여자는 윤심덕으로 밝혀졌다. 관부연락선에서 조선

사람이 정사한 것은 이번이 처음이다."

윤심덕이 실종된 직후 그녀가 오사
카에 있는 닛토레코드에서 취입한 마
지막 노래 '사의 찬미'가 유성기에 실려
곳곳에 퍼지기 시작했다. 헝가리의 작
곡가 오시프 이바노비치의 '다뉴브강의
잔물결'에 그녀가 가사를 붙인 이 노래

윤심덕의 '사의 찬미' 음반에 동봉된 가
사지

는 두 사람의 죽음과 이어지면서 공전의 히트를 기록했다.

무엇보다 이 노래는 사회적 유명 인사였던 두 사람의 스캔들과 결
합하면서 이들의 미래를 예언한 듯한 염세 비관적 가사로 대중을 흡
인하였다. 이 음반이 당시로서는 경이적인 10만 장 이상의 판매고를
올릴 수 있었던 것도 그러한 배경 때문이었다.

'신여성' 윤심덕,
비루한 현실에 울다

윤심덕은 조선총독부 관비 유학생으로 일
본에 건너가 도쿄음악학교에서 공부한 최초의 조선인 유학생이었다.
1921년 윤심덕은 순례극단 동우회에 들어가 당시 와세다대 영문과를

다니고 있던 목포 최고 갑부의 아들 김우진을 만났고, 조선에서 두 달여 순회공연을 하면서 가까워졌다.

도쿄 유학 시절 그녀는 한국 유학생 남자들과 어울리며 그들에게 동경의 대상이 되기도 했다. 홍난파, 채동선 등이 그녀의 주변을 맴돌았으며 박정식이란 유학생은 윤심덕에게 구애했다가 거절당하고 상사병에 걸려 정신분열증에까지 이르렀다. 영화 '윤심덕'에서 이순재가 맡은 역할이 이 박정식이다.

1923년 귀국한 윤심덕은 일약 스타가 되었다. 귀국 후 처음 오른 무대부터 대중들의 주목을 받은 윤심덕의 공연은 매번 큰 이슈가 되었고, 사람들은 그녀를 향해 찬사를 보냈다.

그러나 정통음악만 해서는 생계를 유지할 수 없었기 때문에 강사 생활과 함께 상대적으로 대중성이 있는 세미클래식으로 방향을 선회하기도 했다. 한때 극단 토월회의 주역배우로 무대에 서기도 했으나 연기력 부족으로 실패하였다. 성악 발성을 기본으로 한 목소리 때문에 대사 전달력이 떨어진 탓이다.

이 현실과의 타협 이후, 윤심덕은 각종 스캔들에 시달려야 했다. "윤심덕이 남동생 유학 자금 마련을 위해서 당시 경성의 한량 이용문에게 600원을 뜯어내었다. 이 때문에 윤심덕이 이용문의 첩이 되었다"는 이야기가 온 나라에 파다했다. 논란이 계속되자 그녀는 1924년 하얼빈으로 가서 1년 정도 지내다가 소문이 잠잠해지자 다시 경성으로 왔다.

1925년 잡지 '신여성' 3월호에 그녀의 행실을 강하게 비난하는 글이 실린다.

"윤 씨의 이번 행동은 타락한 행동이다. 예술가면 예술가, 사업가면 사업가, 가정부인이면 가정부인, 교육가면 교육가, 직업 부인이면 직업 부인으로 똑똑히 사람이 좀 되어 갑시다. 윤 씨야! 기왕 국외로 갔다는 소문이 있으니 거기서 태평연월이나 노래하면서 건강히 일생을 지내라. 누구나 그대 보기를 원치 않을테니…"

윤심덕-김우진이
죽음을 가장했다?

1926년 윤심덕은 닛토레코드의 음반 취입 의뢰를 받아 일본으로 갔다. 음반 취입을 마친 윤심덕은 사장에게 특별히 한 곡을 더 녹음하고 싶다고 했다. 그 노래가 바로 '사의 찬미'였다. 윤심덕은 김우진에게 오사카로 오지 않으면 자살하겠다는 내용의 전보를 쳤다. 다시 만난 두 사람은 8월 3일 관부연락선에 함께 올랐다. 그리고 그것이 이 '이루어질 수 없는 사랑'의 끝이었다.

두 사람의 정사는 많은 이야기를 만들어냈다. 당시 분명한 사실은 다음의 세 가지 뿐이었다.

① 8월 3일 윤심덕과 김우진이 일본에서 같은 배를 탔다는 것.

② 8월 4일 새벽 대마도를 지날 무렵, 선실의 문이 열려 있는 것을 발견했고 사람은 없고 가방만 있었다는 것.

③ 이후 승객명부를 대조해서 확인해보니 윤심덕과 김우진이 없어졌다는 것.

윤심덕과 김우진의 생존설 내용을 보도한 대중잡지 '삼천리' 1931년 1월호

유서 같은 것은 발견되지 않았으며, 두 사람이 바다에 투신하는 장면을 목격한 사람도 없었다. 당연히 시신도 발견되지 않았다.

'사의 찬미의 음반 판매를 위해 레코드사와 짜고 죽음을 가장했다'라는 이야기가 인구에 회자됐다. 또 안 죽고 유럽으로 도피했다는 소문도 신빙성 있게 돌았다. 구체적으로는 '당시 배에 탔던 선원을 매수해서 자살했다고 꾸민 것이며, 이후 중국으로 건너가 중국인으로 위장하고 유럽에 갔다'는 것이다. '사의 찬미' 음반이 꾸준히 팔리는 것만큼 소문도 꾸준히 늘어만 갔다.

1931년 '이탈리아에서 잡화점을 하는 동양인 부부가 있는데, 이들이 김우진과 윤심덕이었다'는 소문이 돌았다. 간판 이름부터 구체적인 지명 등이 언급되기 시작했다. 이에 김우진의 동생은 당시 총독부를 통하여 주이탈리아 일본대사관에 확인을 요청했다. 결과는 '로마에는 그러한 사람이 없으며, 앞으로도 계속 찾아보겠다'는 통보를 받은 것이다.

1934년에는 자칭 김옥균의 손자라는 이가 나타나서, 자신이 이탈리아에서 머물 때 로마에서 악기상을 하는 김우진과 윤심덕 부부를 보았다는 이야기를 한다. 이에 김우진의 동생은 다시 총독부에 확인을 요청하였다. 하지만 얼마 안 있어 이 김옥균 손자를 자칭하는 이가 거짓말을 했음이 밝혀졌다.

윤심덕... 나혜석...
'신여성'의 등장

1920년대는 비관과 퇴폐적 정서가 지배적인 시대였다. 1919년 3·1운동의 실패가 지식인과 문인들을 좌절케 했고, 그들은 낭만주의와 허무주의에 빠져들었다. 일본 경제도 1차대전 전후 공황에 빠져 있었고 일본 유학까지 다녀온 지식인들도 '고등룸펜'으로 살아가야 했던 암울한 시절이었다.

식민지라는 고통스러운 경험 외에도 세계라는 무대에 완전히 노출된 것이 우리 역사상 처음 있는 일이었다. 이때까지 닫힌 세계에서 살아왔던 이 땅의 사람들에게 열린 세계는 혼란 그 자체였는지도 모른다.

그런 속에서 여성들도 일대 가치관의 변화를 겪게 된다. 우리가 20세기 초반 신식교육을 받은 여성들을 일컬을 때 사용하는 말, '신여성'의 등장이 바로 그것이다. 1920년대부터 나타나기 시작한 우리나라의 신여성은 서양화가 나혜석을 필두로 하여 승려시인 김일엽,

최초의 여성 소설가 김명순 등의 여성 작가군과 음악 부분에서 두각을 나타낸 윤심덕이 대표적 인물이다.

윤심덕과 김우진이 선택한 죽음은 바로 그러한 시대적 절망과 비관의 정서와 이어지고 있었는지 모른다. 당대의 윤리와 도덕을 뛰어넘지 못한 식민지 치하의 지식인들이 자신들이 한 사랑에 대한 진정성을 확인하고 그것을 증명하는 방식으로 동반자살을 선택한 것이 아닐까?

윤심덕 사건 3년 전에 세상을 떠들썩하게 만들었던 기생 강명화와 경북 칠곡의 대부호 장길상(해방 후 수도경찰청장과 국무총리를 지낸 장택상의 형)의 아들 장병천의 정사가 이들의 선택에 영향을 끼쳤을 수도 있다.

명월관 권번 기생 강명화와 결혼하려 했던 장병천은 집안의 반대로 좌절했다. 1923년 6월 온양온천에서 강명화가 먼저 음독자살하자, 장병천은 한 차례 음독에 실패한 뒤 10월에 강명화가 선택했던 방법으로 그녀의 뒤를 따랐다.

문희-장미희-윤석화가 연기한 '윤심덕'

'윤심덕 사건'은 영화로 연극으로 뮤지컬로 많이 만들어졌다. 문희, 장미희, 윤석화 등 당대 최고의 스타들이 그녀를 연기했다.

최초의 영화화는 1969년 안현철 감독의 '윤심덕'이다. 문희-신성일이 주연으로 각각 윤심덕과 김우진 역을 맡았으며 이순재, 백영민, 주증녀, 한은진 등이 조연으로 출연했다. 영화는 김우진과 윤심덕 두 사람의 만남에서부터 현해탄에서 뛰어내리는 장면까지를 담고 있다.

이후 1991년에는 김호선 감독이 메가폰을 잡고 장미희-임성민이 주연을 맡은 '사의 찬미'가 만들어졌다. 윤심덕 역을 맡은 장미희는 이 작품으로 청룡영화제 여우주연상을, 김우진 역을 맡은 임성민은 청룡영화제 남우주연상을 받았다. 연기파 배우 이경영이 홍난파 역을 소화했고, 올해 3월 '미투' 여파로 목숨을 끊은 조민기가 김우진의 친구인 홍해성 역을 맡았다. 이 영화는 조민기의 데뷔작이다.

연극 및 뮤지컬화는 1988년 윤대성에 의해서 '사의 찬미'로 희곡화되어 극단 실험극장에서 처음 공연되었다. 1990년에 뮤지컬로 재공연되었으며, 2005년 공연에는 가수 바다가 윤심덕 역을 맡아 화제가 되기도 했다. 2012년에는 윤석화 주연의 '글루미데이'라는 뮤지컬에서 윤심덕과 김우진의 이야기를 바탕으로 팩션을 담아내기도 하였다. 이 뮤지컬은 2015년 '사의 찬미'로 이름을 바꾸어 재연되었다.

이 사건은 SBS 3부작 드라마로도 제작되어 곧 방영을 앞두고 있다. 윤심덕 역은 신혜선, 김우진 역은 이종석, 홍난파 역은 이지훈이 맡았다.

노래 역시 후배들에 의해 계속 불려졌다. 한 시대를 풍미했던 가수들인 이미자, 문주란, 정종숙, 한영애, 김정호, 김상희, 주현미, 나윤선 등이 '사의 찬미'를 자신들만의 감정과 느낌으로 재해석해 불렀다.

유튜브를 통해 모든 노래를 들어본 결과 개인적으로는 재즈가수 나윤선의 '사의 찬미'가 윤심덕의 원곡 분위기와 감성을 가장 잘 살렸다는 생각이다. KBS '불후의 명곡'에서 뮤지컬 배우 민우혁이 부른 '사의 찬미'도 절창이라 할만하다.

현실이 된
"넥타이, 죽어도 사와요?"

윤심덕과 절친한 사이였던 극작가 이서구가 일본으로 음반을 취입하러 가는 그녀를 경성역으로 마중을 나갔었는데 이때 나누었던 대화가 참 의미심장하다.

윤심덕: 선물로 뭘 사다드릴까요?

이서구: 넥타이나 하나 사다줘요.

윤심덕: 죽어도 사와요?

이서구: 그래, 죽으려거든 넥타이나 사서 부치고 죽어요.

물론 이서구가 윤심덕에게 한 말은 당연히 농담으로 한 말이었다.

그런데 그것이 현실이 되고 말았다. 이서구가 사달라고 했던 넥타이는 윤심덕이 죽었다는 비보가 들려온 지 3일 후에 도착했다. 이서구는 이 파란 넥타이를 차마 목에 맬 수 없어 죽을 때까지 고이 간직했다고 한다.

혈서지원 (일제의 징병 권유)

'혈서지원' 음반

무명지 깨물어서 붉은 피를 흘려서
일장기 그려 놓고 성수만세 부르고
한 글자 쓰는 사연 두 글자 쓰는 사연
나라님의 병정 되기 소원입니다

해군의 지원병을 뽑는다는 이 소식
손꼽아 기다리던 이 소식은 꿈인가
감격에 못 이기어 손끝을 깨물어서
나라님의 병정 되기 지원합니다

나라님 허락하신 그 은혜를 잊으리
반도에 태어남을 자랑하여 울면서
바다로 가는 마음 물결에 뛰는 마음
나라님의 병정 되기 소원입니다

반도의 핏줄기 빛나거라 한 핏줄
한 나라 지붕 아래 은혜 입고 자란 몸
이 때를 놓칠손가 목숨을 아낄손가
나라님의 병정 되길 소원합니다

대동아공영권을 건설하는 새 아침
구름을 헤치고서 솟아오른 저 햇발
기쁘고 반가워서 두 손을 합장하고
나라님의 병정 되길 소원합니다

3

나라님의
병정되기
소원입니다

"친일가수 남인수가요제, 진주대첩 7만 영령이 통곡한다"

2006년 10월 9일 저녁 7시. 개천예술제 행사의 하나인 '남인수가요제'가 열리고 있는 진주성 특설무대 앞에서 '친일잔재청산 시민운동본부' 등 시민단체 회원들이 시위를 벌였다. 일제 말기 '혈서지원' 등 친일가요를 부른 진주 출신 남인수의 이름을 딴 가요제 철폐를 요구한 것이다.

도대체 남인수가 부른 '혈서지원'은 어떤 노래일까?

'혈서지원'은 1943년에 오케레코드사를 통해 발매된 노래로 작사는 조명암, 작곡은 박시춘, 노래는 남인수, 박향림, 백년설이 불렀다. 대표적인 전시 친일가요로 손꼽히는 이 노래는 가요계의 흑역사 그 자체라고 할 수 있다.

　타고난 미성으로 한국 가요사에 한 획을 그은 남인수는 '혈서지원' 외에도 중일전쟁 당시 일본군의 활약을 찬양한 '강남의 나팔수', 징병제 실시를 축하하는 '남쪽의 달밤', '이천오백만 감격' 등도 불렀다.

　'혈서지원'은 '혈청지원가'라는 이름으로 대한민국 군가로도 리메이크 되어 불렸는데, 2006년에 국가보훈처는 이 노래를 '추억의 군가'로 지정했다. 물론 가사 내용은 '일장기 그려 놓고 성수만세 부르고'를 '태극기 그려놓고 천세만세 부르고'로, '나라님의 병정 되기 소원입니다'를 '대한민국 병정 되기 소원입니다' 등으로 번안했지만 정신 나간 일이 아닐 수 없다.

박정희의 '혈서', '혈서지원'의 판박이

　　　　　　'혈서지원' 하면 바로 떠오르는 사람이 있다. 바로 박정희 전 대통령이다. 만주에서 발행되던 일본어 신문 '만주신문' 1939년 3월 31일자에 실린 '박정희 혈서 지원'의 기사 내용은 다음과 같다.

> "29일 치안부 군정사 징모과로 조선 경상북도 문경 서부 공립소학교 훈도(訓導, 교사) 박정희 군(23)의 열렬한 군관지원 편지가 호적등본, 이력서, 교련검정합격 증명서와 함께 '한 번 죽음으로써 충성함 박정희'라

는 혈서를 넣은 서류로 송부되어 계원을 감격시켰다."

이 신문은 다음과 같은 내용의 편지도 동봉되어 있었다고 전한다.

"일계(日系) 군관모집요강을 받들어 읽은 소생은 일반적인 조건에 부적합한 것 같습니다. 심히 분수에 넘치고 송구하지만 무리가 있더라도 반드시 국군(만주국의 국군)에 채용시켜 주실 수 없겠습니까. 일본인으로서 수치스

일본군 장교 시절의 박정희 모습(왼쪽)과 박정희의 만주군관학교 혈서지원을 보도한 만주신문 1939년 3월 31일자 지면

럽지 않을 만큼의 정신과 기백으로서 일사봉공의 굳건한 결심입니다. 확실히 하겠습니다. 목숨을 다해 충성을 다할 각오입니다. 한 명의 만주국군으로서 만주국을 위해, 나아가 조국을 위해 어떠한 일신의 영달을 바라지 않겠습니다. 멸사봉공, 견마의 충성을 다할 결심입니다."

박정희는 혈서지원을 포함한 세 차례의 지원 끝에 1940년 4월 일본의 괴뢰국인 만주국의 만주군관학교(신경군관학교 2기) 예과과정에 입학한다. 그는 이 학교를 우등생으로 졸업하면서 만주국 황제 푸이(청나라의 마지막 황제로 일본에 의해 괴뢰국인 만주국 황제로 추대)가 하사하는 금장시계를 은사상으로 받는다.

박정희가 나온 만주군관학교 출신으로는 정일권 전 국무총리, 백선엽 전 육참총장, 이한림 전 1군사령관, 김동하 전 해병대 중장 등

이 있다.

박정희는 1942년 10월 성적 우수자로서 일본 육군사관학교 본과 3학년에 편입했고, 1944년 4월 일본 육사 제57기와 함께 졸업했다. 12월 일본군 만주국군 보병소위로 임관하였으며, 보병 8단 단장의 부관실에 부임해 작전참모 역할을 하는 을종 부관 겸 부대의 단기를 책임지는 기수로 근무했다. 1945년 7월 만주국군 중위로 진급했다.

대구사범학교를 나와 문경에서 소학교 교사를 하던 박정희는 안정된 직장을 버리고 왜 갑자기 만주군관학교에 들어갈 생각을 했을까? 이 결정은 그의 생애에 중대한 갈림길이 되고 장차 대한민국의 운명에도 지대한 영향을 미쳤다. 당시 일제의 침략전쟁이 정점에 이르고 있을 때 그가 형제들 중 가장 존경한 민족주의자이면서 공산주의자인 셋째 형 박상희의 반대가 완강했는데도 그는 듣지 않았다.

여기에는 여러 가지 설(說)이 있다.

첫째, 첫 아내 김호남과의 불화로 인한 도피 심리라는 주장. 둘째, 학교를 방문한 장학사에게 장발 상태를 지적받고 물리적 충돌 후 더이상 교사로 남기 어려워서라는 주장. 셋째, 독립운동을 하기 위해 힘을 기르고자 만군 장교가 되려고 했다는 주장. 넷째, 군인을 선망하는 의지에 따른 선택이었다는 주장이 그것이다.

박정희 전기 작가인 전 청와대 비서관 김종신과 박정희의 대화를 들어보자.

김종신: 각하, 만주군관학교는 왜 갔나요?

박정희: 긴 칼 차고 싶어 갔지.

박정희의 대답은 명쾌했다. 어찌 보면 민족의식이니 독립의식이니 하는 것보다 식민지 가난한 젊은이로서 당시에는 자신의 직업적 전망을 더 염두에 둔 현실적 선택이었던 것 같다. 힘센 군인으로 출세하고 싶다는 생각.

남인수-백년설, 친일행위 705인에 등재

'혈서지원'을 작사·작곡하고 부른 사람들의 삶은 어땠을까? 해방 전에 '애수의 소야곡', '감격시대', '낙화유수'등의 히트로 스타덤에 올랐던 남인수는 해방 후에 '이별의 부산정거장', '가거라 삼팔선', '추억의 소야곡', '무너진 사랑탑' 등이 공전의 히트를 기록하며 당대 최고의 가수로 자리매김했다.

1957년 10월에 대한레코드가수협회를 창설해 초대 회장에 취임했고, 1960년 7월에는 '4·19혁명의 노래 전국보급 추진위원회' 부위원장을 맡았다. 1961년 12월에는 한국연예협회 부이사장으로 선출되었다.

그밖에 전국공연단체연합회 회장(1960년), 한국무대예술협의회 이사(1961년) 등을 맡은 것으로도 알려져 있다. 1940~1950년대 현인과 라이벌 구도를 형성하며 최고 인기 가수로 활동했으며 1962년 6월 26일에 지병으로 세상을 떠났다.

백년설 역시 남인수 못지않은 인기를 누렸다. '나그네 설움', '번지 없

1943년 친일가요 '혈서지원'을 함께 부른 가수들. 왼쪽부터 백년설, 박향림, 남인수

는 주막', '대지의 항구' 등을 빅히트시켰고, 1960년 이후는 가수협회 회장으로 있다가 1978년 미국으로 이민을 떠났고 1980년 타계했다.

남인수와 백년설은 공통점이 많다.

두 사람 모두 2009년 친일반민족행위진상규명위원회가 발표한 친일반민족행위 705인 명단에 포함됐다. 그리고 백년설도 고향인 경북 성주에서 이름을 딴 '백년설가요제'가 만들어졌고 '남인수가요제'와 마찬가지로 친일 논란으로 파행을 겪다 결국 폐지된다.

'혈서지원'을 부른 또 한 명의 가수 박향림.

1937년 박정림이란 예명으로 '청춘극장'을 발표하면서 가수로 데뷔한 그녀는 이어서 '고향의 녹야', '꼭 오세요', '추억의 윤락' 등을 발표하였다. 이후 콜럼비아레코드사로 이적해서 '박향림'이란 예명으로 '사랑 주고 병 샀소'를 비롯해 '찻집 아가씨', '봄 사건', '우리는 멋쟁이', '선창에 울러 왔다', '오빠는 풍각쟁이', '그늘에 우는 천사' 등을 발표하면서 인기 가수로서의 자리를 굳혔다.

이후 태평레코드사와 오케레코드사를 오가며 많은 인기를 얻었던 박향림은 1946년에 25세의 나이로 요절했다.

일왕에 충성한 조명암,
월북 후 김일성에게 충성

작곡가인 박시춘은 경남 밀양의 부유한 집안 둘째아들로 태어나 일본 유학 시절 중학생 신분으로 순회공연단을 따라다니며 트럼펫, 바이올린, 색소폰, 기타 등 다양한 악기의 연주 방법을 익혔다. '몬테카를로의 갓난이', '어둠 속에 피는 꽃' 등을 발표하며 작곡가로 데뷔했다.

1931년 남인수가 부른 '애수의 소야곡'이 히트하면서 오케레코드사 전속 작곡가로 발탁되었고, 1939년 조선악극단 일본 공연에서 현경섭, 송희선 등과 함께 '아리랑 보이즈'라는 보컬팀으로 공연하기도 했다.

대한레코드작가협회 초대회장(1958), 연예인협회 이사장(1961~1972), 한국예술문화단체총연합회 부회장(1966), 예술윤리위원회 부회장(1966), 음악저작권협회 명예회장(1981) 등 대중문화계의 요직을 역임했다. 1982년 대중가요 창작인으로는 최초로 문화훈장 보관장을 받았다. 박시춘 역시 친일반민족행위 705인 명단에 포함됐다.

주요 작품으로는 '이별의 부산정거장', '굳세어라 금순아', '전선야곡', '신라의 달밤', '비 내리는 고모령', '럭키 서울' 등이 있다.

작사가인 조명암의 삶은 좀 더 특별났다.

1941년 일본 와세다대 불문과를 졸업한 조명암은 1934년 동아일보 신춘문예에 시 '동방의 태양'으로 등단했다. 모더니즘 계열의 시를 많이 썼고 '신동아', '인문평론', '예술운동' 등에 많은 시를 발표했다.

1945년 해방 후 조선연극동맹 부위원장으로 조선문학가동맹에 가입해 '독립군', '논개', '위대한 사랑' 등의 희곡을 발표하고 1948년 월북했다. 일찍이 '낙화유수', '바다의 교향시', '꿈꾸는 백마강' 등 대중가요 33곡을 작사했던 그는 월북 후 '조국 보위의 노래', '어머니 우리 당이 바란다면'을 비롯한 가사 작품들과 민족가극 '금강산 8선녀', '춘향전', '밝은 태양 아래' 등의 작품을 남겼다.

북한에서 교육문화성 부상(副相, 차관), 평양가무단 단장, 조선문학예술총동맹 중앙위원회 부위원장 등을 지냈다. 1973년 북한 정권으로부터 국기훈장 제1급과 '김일성상 계관인' 칭호를 수여받았고, 1993년 사망한 후 북한의 애국열사릉에 묻혔다. "나라님의 병정이 되자"며 조선의 젊은이들을 전쟁터로 내몰았고 '2차대전 전범' 일왕 히로히토에게 충성한 조명암은 해방이 되자 월북해서는 '6·25 전범' 김일성에게 충성했다.

북한은 정권 수립 후 친일파들을 모두 청산했다고 대대적으로 선전했지만, 월북한 조명암의 친일행위에 대해 묻지도 따지지도 않았다.

이 외에도 북한이 친일파를 감싸고 중용한 예는 수 없이 많다. 유명 배우 강동원의 외증조부 이종만의 경우도 그렇다.

이종만은 일제 말기 일본군에 전쟁 위문품을 헌납하는 등 눈에 띄는 친일행위를 했지만 해방 후 월북해 북한에서 광업부 고문으로 재직했고 최고인민회의 대의원과 조국통일민주주의전선 중앙위원회 의장을 역임했다. 그는 김일성에 충성한 대가로 조국통일상을 받았으며, 조명암과 마찬가지로 애국열사릉에 묻혔다.

제주 4·3사건의 군사 지도자인 김달삼도 마찬가지다. 일본 육군예비사관학교를 나와 소위로 임관 후 '일왕의 충직한 군인'으로 복무하다 해방이 되자 재빨리 공산주의 혁명가로 돌변했다.

그는 대한민국 정부 수립 후 월북해 해주 인민대표자대회에 대의원으로 참가했고, 이후 인민유격대를 이끌고 남한으로 침투했다가 강원도 정선에서 군경과의 총격 끝에 숨졌다. 그가 숨진 산자락은 '김달삼 모가지 잘린 골'이라는 이름이 붙었고, 현재에도 그렇게 불리고 있다. 북한 정권은 일왕에 이어 김일성에 충성을 다한 김달삼 역시 친일 행적에 대해 불문에 붙이고 사후 애국열사릉에 가묘를 조성했다.

"마지못해 노래 몇 곡 부른 게 뭔 죄냐?"

"나라님의 병정이 되자"며 식민지 조선 청년들에게 징병을 권유하는 '혈서지원' 노래가 서울 오케레코드사 스튜디오에서 녹음되던 그 시간, 광활한 만주 벌판에서는 '조국을 찾겠노라' 목숨을 건 항일투쟁을 전개하던 독립군들의 다음과 같은 노랫소리가 창창한 하늘에 울려 퍼졌다. 독립군가 '용진가'이다.

1. 요동만주 넓은 뜰을 쳐서 파하고
여진국을 토멸하고 개국하옵신
동명왕과 이지란의 용진법대로
우리들도 그와 같이 원수 쳐보세

(후렴) 나가세 전쟁장으로 나가세 전쟁장으로
검수 도산 무릅쓰고 나아갈 때에
독립군아 용감력을 더욱 분발해
삼천만 번 죽더라도 나아갑시다.

2. 한산도의 왜적을 쳐서 파하고
청천강수 수병 백만 몰살하옵신
이순신과 을지공의 용진법대로
우리들도 그와 같이 원수 쳐보세

3. 배를 갈라 만국회에 피를 뿌리고
육혈포로 만군 중에 원수 쏴 죽인
이준공과 안중근의 용진법대로
우리들도 그와 같이 원수 쳐보세

유행가는 역사다

"영하 사십도 시베리아 추위에 여름 모자 쓰고서 홑저고리로 밑 빠진 메커리(짚신)에 간발하고서 벌벌 떨고 다니는 우리 독립군!"

1920년대 러시아에서 항일 무장투쟁을 이끌었던 김경천 장군이 지은 '불쌍한 독립군' 중의 한 구절이다. 황량한 만주 벌판에서 추위와 굶주림, 죽음의 공포와 싸우던 그때의 청년들을 생각하면 참 마음이 무거워진다.

일부에서는 "가수가 일제의 압박에 못 이겨 노래 몇 곡 부른 것이 뭐가 그리 큰 죄냐?"고 묻는다. 정말 죄가 없을까? 민족을 배반한 그들, 그러나 누구도 처벌받지 않았다. 해방 후에도 누구누구는 대한민국에서, 누구는 조선민주주의인민공화국에서 호의호식하며 살았다.

분노와 부끄러움, 가슴이 먹먹해진다.

'귀국선' 음반

귀국선 (8·15 해방)

돌아오네 돌아오네 고국산천 찾아서
얼마나 그렸던가 무궁화꽃을
얼마나 외쳤던가 태극 깃발을
갈매기야 웃어라 파도야 춤춰라
귀국선 뱃머리에 희망도 크다

돌아오네 돌아오네 부모형제 찾아서
몇 번을 울었던가 타국살이에
몇 번을 불렀던가 고향 노래를
칠성별아 빛나라 달빛도 흘러라
귀국선 고동소리 건설은 크다

돌아오네 돌아오네 백의동포 찾아서
얼마나 싸웠던가 우리 해방을
얼마나 찾았던가 우리 독립을
흰 구름아 날려라 바람은 불어라
귀국선 파도 위에 새 날은 크다

4

돌아오네
돌아오네
부모형제 찾아서

'그날'이 왔다. '상록수'의 작가 심훈이 일제의 압제 속에서 그토록
애타게 기다렸던 바로 '그날'.

그날이 오면, 그날이 오면은
삼각산이 일어나 더덩실 춤이라도 추고
한강물이 뒤집혀 용솟음칠 그날이
이 목숨이 끊기기 전에 와주기만 할 양이면
나는 밤하늘에 날으는 까마귀와 같이
종로의 인경을 머리로 들이받아 울리오리다
두개골은 깨어져 산산조각이 나도
기뻐서 죽사오매 오히려 무슨 한이 남으오리까

그날이 와서, 오오 그날이 와서

육조 앞 넓은 길을 울며 뛰며 딩굴어도

그래도 넘치는 기쁨에 가슴이 미어질 듯하거든

드는 칼로 이 몸의 가죽이라도 벗겨서

커다란 북을 만들어 들쳐 메고는

여러분의 행렬에 앞장을 서오리다

우렁찬 그 소리를 한 번이라도 듣기만 하면

그 자리에 거꾸러져도 눈을 감겠소이다

(심훈, 그날이 오면, 1930년 3월 1일)

부산항 제1부두, 귀국선이 돌아오다

　　　　　1945년 8월 15일 정오. 라디오에서는 일왕 히로히토의 항복 선언 방송이 흘러나왔다. 느릿하고도 맥 빠진 목소리였다. 이 믿기 어려운 소식에 한국인들은 일순간 멍해졌다. 결코 망할 것 같지 않던 일본이 이렇게 순식간에 무너질 줄이야….

　'오장 마쓰이 송가' 등 일제 말기 친일시를 쓴 서정주도 해방 후 친일 행적에 대해 해명하면서 "일본이 그렇게 빨리 망할 줄 몰랐다"고 하지 않았던가.

러시아 출신의 한 외국인은 이날의 풍경을 이렇게 묘사하였다.

"8월 15일, 서울은 마치 쥐 죽은 듯 고요하였다. 시민들은 일본의 항복을 알고 있었다. 그러나 많은 사람들은 그 사실을 믿을 수 없었다. 그냥 기다렸다. 기쁨과 희망의 감정을 억누르면서. 그날은 그렇게 지나갔다.

1945년 8·15 해방 직후 연합군이 진주한다는 소식을 듣고 서울역에 몰려든 환영 인파

그러나 다음 날 모든 것이 바뀌었다. 환희에 가득 찬 사람들의 거대한 물결이 온 시내, 온 나라를 뒤덮었다. 어제까지만 해도 텅 비고 조용하기만 하였던 서울, 수많은 사람이 파도처럼 광장과 거리와 골목을 가득 메웠다. 끝없는 흰 바다가 흔들리며 들끓는 듯하였다."

—샤브쉬나, 1945년 남한에서, 1996년

한반도가 다시 한민족의 품으로 돌아왔다. 감옥에 갇혀 있던 독립투사들은 풀려나고, 일본이나 동남아시아 등지에 징용·징병으로 끌려갔던 사람들은 귀국선을 탈 수 있으리라는 기대감에 부풀었다. 이승만, 김구 등 해외의 독립운동 지도자들도 귀국을 서둘렀다.

독립투사, 징병자, 징용자, 종군위안부 등 300만 동포가 시모노세키, 상하이, 다롄, 블라디보스토크에서 돌아오기 시작했다. 조국을 그리며 눈물짓던 세월은 이제 과거가 되었다.

귀항지는 부산항 제1부두. 1945년 가을 어느 날, 이 감격과 서러움, 희망이 교차하는 풍경을 손로원이 노랫말로 쓰고 이재호가 멜로디를 입혀 노래로 완성했다. 이 노래가 바로 '귀국선'이다.

'귀국선'은 처음엔 '전선야곡'으로 유명한 신세영이 취입했으나 실패했다. 대중들에게 히트를 기록한 버전은 이인권이 재취입한 노래다. 이 노래를 부른 이인권은 오케레코드의 쇼단이 청진에서 공연 중일 때 남인수의 대역을 맡아 '청진의 남인수'로 소개되면서 가수가 되었다.

이인권은 태평양 전쟁 중에는 군국가요를 부르기도 했으며, 6·25 전쟁 중에 가수인 부인과 함께 국군 위문공연을 펼치다가 부인이 포탄에 맞아 죽는 비극을 겪기도 한다. 이때의 아픔을 형상화한 자작곡 '미사의 노래'가 많은 사랑을 받았다.

1950년대 이후로는 노래보다 작곡 분야의 활동이 두드러졌다. 현인의 '꿈이여 다시 한 번', 송민도의 '카츄샤의 노래', 최무룡의 '외나무다리', 이미자의 '들국화', 조미미의 '바다가 육지라면', 나훈아의 '후회' 등이 유명하다. '트로트 여왕' 주현미가 중학생일 때 이인권에게 노래 지도를 받았다고 전해진다.

귀국선
'우키시마호'의 비극

노래 '귀국선'은 해방의 감격과 희망을 다루고 있지만 실제 역사 속 귀국선 중에는 잊으면 안 될 비극도 있었다. '우키시마호 침몰 사건'이 그것이다. 1945년 8월 24일, 패망한 일본은 해군함 우키시마호에 한국인 강제징용자들을 태운 뒤 부산항을 향해 출항시킨다. 그러나 이 배는 현해탄을 건너다가 원인 모를 폭발로 침몰한다. 일본 정부는 폭발 원인을 미군의 기뢰로 지목하고 한국인 524명이 희생됐다고 발표했다. 73년간의 세월 속에 묻혀 있는 우리 근대사의 비극이다.

우키시마호 폭발 사건 실화를 바탕으로 2000년 제작된 북한 영화 '살아있는 령혼들' 포스터

이 배에 탔다 숨진 한국인의 대부분은 홋카이도, 아오모리현 등 일본 도호쿠 지방으로 끌려가 강제 노역으로 노예처럼 살았던 노동자와 그 가족들이다. 광복의 기쁨과 귀향의 즐거움을 채 느끼기도 전에 떼죽음을 당한 것이다.

이를 안타깝게 여긴 사람들의 추도가 이어졌다. 1994년에 '우키시마호 사건'의 추도회가 도쿄에 있는 사찰 유텐사에서 열렸다. 이 추도회에서는 2차대전 후 포로학대 등의 혐의로 B·C급 전범으로 구속되었던 재일동포들의 모임인 '동진회' 회원들도 참석해 일본의 전후 보상 문제를 추궁하기도 하였다.

그리고 1995년 8월에 일본에서 '아시안 블루-우키시마호 사건'이라는 영화가 개봉되어 일제의 한국인에 대한 잔학상의 한 단면을 고발하였다. 북한에서도 2000년 우키시마호 폭발사건을 실화로 한 영화 '살아있는 령혼들'이 제작됐고, 이 영화는 2003년 전주국제영화제에서도 상영됐다.

2001년 8월에는 교토 지방법원이 이 사건과 관련된 한국인 생존자 15명에게 일본 정부가 300만 엔씩 총 4,500만 엔을 배상하라는 국가 배상명령 판결을 내림으로써 처음으로 원고 측 주장을 일부 인정하였다. 그럼에도 일본 정부는 소송에서 "당시 국가가 징용자에 대한 수송 책임이 없었으며, 폭침은 미국이 부설한 기뢰로 인한 것으로 불가항력이었다"고 주장하면서 아직까지도 진상 조사나 공식 사과는커녕 관련 자료조차 공개하지 않는 등 책임 회피 행각을 계속하고 있다.

그러나
돌아오지 못한 사람들

일본, 중국, 동남아 등지에서의 동포 귀환은 계속됐지만 돌아오지 못한 사람들도 있다. 조국이 해방 됐지만 많은 사람들이 귀국하지 못한 채 낯선 땅에 남거나 죽었다. 혹은 우키시마 호 사건처럼 돌아오는 도중에 죽기도 했다.

우리 대중가요는 해방 후 현인의 '고향만리'처럼 징병이나 징용 나갔다 돌아오는 '남자들'에 대해서는 크게 주목했지만, 만신창이의 몸으로 돌아오거나 혹은 돌아오지 못한 '여자들'에 대해서는 노래하지 않았다. 성노예나 다름없었던 이른바 '위안부'에 대한 노래가 처음 나온 것이 바로 민병일의 시에 가수 이지상이 곡을 붙여 1998년에 발표한 '사이판에 가면'이다.

수평선 해거름 지는 사이판에 가면
자살절벽 있다지 봉숭아 물든 조선 처녀들
꽃잎처럼 몸 던진 자살절벽 있다지
눈부신 햇살 번지는 사이판에 가면
신혼부부 있다지 밀월여행을 즐기는 아담과 이브
밤이 오면 무르익는 사랑노래 있다지
잡초 크게 웃자란 절벽에선 지금도
처녀들 신음소리 바람에 실려 오고
한국인 위령탑엔 갈 곳 없는 고혼들
떠돌고 있다지 맴돌고 있다지
낭만의 섬 낙원의 섬 사이판에 가면
전설 같은 정신대 조선 처녀들 남긴 아리랑
아라리오 부르는 원주민들 있다지
아라리오 기억하는 원주민들 있다지

신혼여행지와 자살 절벽, 신혼부부와 위안부로 끌려온 조선 처녀들을 대비시킨 이 노래는 아주 차분하고 잔잔한 톤으로 우리의 무관심을 죽비처럼 내리친다.

1992년에 시작된 위안부 피해 할머니들의 '수요집회'가 비가 오나 눈이 오나 계속될 수밖에 없는 이유이기도 하다.

'단장의 미아리고개' 앨범 표지

단장의 미아리 고개 (6·25 납북)

1. 미아리 눈물 고개 님이 넘던 이별 고개
화약연기 앞을 가려 눈 못 뜨고 헤매일 때
당신은 철사줄로 두 손 꽁꽁 묶인 채로
뒤돌아보고 또 돌아보고
맨발로 절며절며 끌려가신 이 고개여
한 많은 미아리 고개

(낭송) 여보 당신은 지금 어디서 무얼 하고 계세요
어린 용구는 오늘밤도 아빠를 그리다가 이제 막 잠이 들었어요
동지섣달 기나긴 밤 북풍한설 몰아칠 때
당신은 감옥살이에 얼마나 고생을 하세요
십 년이 가도 백 년이 가도 부디 살아만 돌아오세요
네 여보 여보~

2. 아빠를 그리다가 어린 것은 잠이 들고
동지섣달 기나긴 밤 북풍한설 몰아칠 때
당신은 감옥살이 그 얼마나 고생하오
십년이 가고 백년이 가도
살아만 돌아오소 울고 넘던 이 고개여
한 많은 미아리 고개

5

맨발로 절며절며 끌려가신 이 고개여

'단장의 미아리 고개'는 1956년 발표된 곡으로 수많은 전쟁 관련 대중가요 가운데에서도 손꼽히는 명곡이다. 반야월이 가사를 쓰고 이재호가 곡을 붙였으며 노래는 이해연이 불렀다.

제목의 '단장(斷腸)'은 창자를 끊어내는 고통을 말한다. 고사의 유래는 이렇다.

옛 중국 동진의 환온이 촉(蜀) 땅을 정벌하기 위해 여러 척의 배에 군사를 나누어 싣고 양자강 중류의 협곡인 삼협을 통과할 때 있었던 일이다. 환온의 부하 한 명이 원숭이 새끼 한 마리를 붙잡아서 배에 실었다. 어미 원숭이가 뒤따라왔으나 물 때문에 배에는 오르지 못하고 강가에서 슬피 울부짖었다.

이윽고 배가 출발하자 어미 원숭이는 강가에 병풍처럼 펼쳐진 벼랑에도 아랑곳하지 않고 필사적으로 배를 쫓아왔다. 배는 100여 리쯤 나아간 뒤 강기슭에 닿았다. 어미 원숭이는 서슴없이 배에 뛰어올랐으나 그대로 죽고 말았다.

그 어미 원숭이의 배를 갈라 보니 너무나 애통한 나머지 창자가 토막토막 끊어져 있었다. 이 사실을 안 환온은 크게 노하여 원숭이 새끼를 붙잡아 배에 실은 그 부하를 매질한 다음 내쫓아 버렸다고 한다.

미아리 고개에서 숨진
반야월의 딸

작사가 반야월은 자신의 어린 딸을 전쟁 중 피란길에 잃은 개인적 경험과 연결 지어 미아리 고개에서의 이별이라는 주제로 가사를 썼다. 다음은 반야월의 회고다.

"6·25가 터졌을 때, 나는 소식을 들은 바로 이튿날에 홀로 피란을 갔다. 그때 내 가족이라고는 아내와 네 살짜리 맏딸 수라가 있었을 뿐이었는데 미처 피란 갈 준비가 돼 있지 않았고 또 일이 그리 크게 벌어지리라고는 생각을 않았기 때문에 그들을 수유리 집에 그냥 남겨두고 나만 피란을 간 것이다. 나는 우선 처가가 있는 김천으로 갔다.

그런데 내가 김천 처가에 도착한지 며칠 뒤에 아내가 들이닥쳤다. 그의 몰골은 말할 수 없이 초라했고 마땅히 함께 왔어야 할 귀여운 딸 수라는 보이지 않았다. 아이를 어찌하고 홀로 왔느냐는 물음에 망연하던 표정이 바뀌어 마구 소리치고 울면서 그는 두 손을 내밀었다. 내가 혼자 떠나고 미아리가 적의 손에 들어가자 아이를 데리고 수유리 집을 떠났는데 그 새 잘 먹지 못하여 굶어 있던 터에 총 소리, 대포소리가 요란해지자 공포에 질리고 무서워 떨다가 수라는 미아리 고개를 넘지도 못하고 죽고 말았다고 했다.

피란길이 너무도 화급하여 아이를 매장할 곳도 찾지 못하고 아내는 고갯길에 손으로 흙을 파고 묻을 수밖에 없었다고 했다. 그 뒤의 이야기지만 9·28 수복이 되어 서울로 돌아와 그 근처의 여러 군데를 파 보았지만 아이의 시체는 끝내 찾지 못하였다. 나는 그때의 비통한 심정을 '단장의 미아리 고개'라는 노래 속에 담았다."

서울 성북구 돈암동에서 정릉천을 지나 의정부로 이어지는 고개인 미아리 고개는 돈암동 고개·돈암현(敦岩峴)이라고도 한다. 옛날에는 병자호란 때 청나라 군사 되놈(중국 사람을 낮잡아 이르는 말)이 이 고개를 넘어 서울에 침입했다고 해서 '되너미 고개'라고 불렀으며, 한자명으로는 적유현(狄踰峴) 또는 호유현(胡踰峴)이라 하였다.

겸재 정선이 그린 것으로 추정되는 '도성대지도'와 김정호의 '수선전도'에는 '적유현'으로 표기되어 있고, 비슷한 시기에 그린 것으로 추정되는 '사산금표도'에는 '호유현'으로 표시되어 있다.

서울 성북구 돈암동 미아리 고개 정상에 위치한 소극장 미아리예술극장에 노래 가사를 새긴 '단장의 미아리 고개' 노래비가 세워져 있다.

이광수 정지용 최승희 등
문화예술인도 납북

오아시스레코드사에서 발표한 '단장의 미아리 고개'는 전쟁의 비극과 가족을 잃어버린 슬픔을 절실히 토로하여 큰 사랑을 받았고, 이해연의 대표곡이 되었다. 이후 대한민국에서 오랫동안 애창곡으로 불리고 있다. 이 노래가 너무 유명해진 나머지 미아리 고개가 슬픔과 눈물과 한(恨)의 고개로만 각인되었다는 이유로 서울 성북구청이 '미아동'이라는 동명을 바꾸려 했다는 일화가 있을 정도이다.

미아리 고개는 6·25전쟁 당시 서울 북쪽의 유일한 외곽도로였기 때문에 전쟁 발발 초기에 북한군과 국군 사이에 교전이 벌어진 곳이다. 북한군은 퇴각하면서 각계 인물들을 미아리 고개를 통해 강제 납북했다.

남한 인사 납북은 북한군 병사들의 인솔 아래 서울에서 평양까지는 군용트럭으로 이동했다. 북한 지도부가 평양에서 퇴각할 때에는 그들을 따라 압록강변의 강계와 만포, 혜산까지 거의 도보로 끌려가야 했다. 이 과정에 비행기 폭격과 북한군의 학대 및 불법 사살 등으

로 많은 납북인사들이 희생되
었다.

납북 인사 가운데는 김규
식, 조소앙과 같은 임정 요인
들과 제헌 국회의원들을 비롯
한 유명 정치인들은 물론 경
제계와 학계, 언론, 출판, 교

6·25전쟁 때 북한으로 끌려가는 납북 인사들. 납북인
사 가운데는 김규식−조소앙 등 정치 지도자와 무용가
최승희−시인 정지용 등 예술인들도 포함되어 있다.

육, 과학, 문화, 예술 등 다양한 분야의 인재들도 포함되어 있었다.
우리가 잘 알고 있는 전설적인 무용가 최승희와 시인 정지용, 소설가
이광수와 박태원 등이 그들이다.

또 누에박사 계응상, 나무박사 임록재, 새(鳥)박사 원홍구와 함께
김일성이 생전에 가장 아꼈던 4명의 과학자 중 한 사람인 '비날론 발
명가' 이승기 박사도 납북됐다.

서울에서 북한군에
체포된 사람들

'6·25전쟁 납북인사가족협의회'가 공개한 미
국 중앙정보국(CIA) 작성 납북 한국인 명단 자료를 보면 매우 상세
한 내용이 담겨있다. '서울에서 북한인에게 체포된 사람들(Persons
Arrested in Seoul by the North Koreans)'이라는 제목이 붙은 이 명
부에는 납북자 653명이 영어 이름순으로 명기돼 있다.

이 명부는 표지에 '북한의 서울 점령 시기에 서울 인근에 거주하다가 북한 당국에 체포된 후, 1950년 10월 15일 현재 생사가 불분명한 사람들'을 기록했다고 밝혔다. 명부가 배포된 시기는 1951년 1월 19일로 되어 있다.

A4 용지 26쪽의 이 명부에는 위에 언급한 유명 인사 외에 이주신 검사, 김유연 목사, 안찬수 연합신문 부국장 등 사회 지도층 인사가 다수 포함돼 있다. 안찬수 부국장의 아들인 안병훈 기파랑 대표(전 조선일보 편집국장)는 "아버지와 함께 살던 집 주소가 '종로구 팔판동 81-2'였는데 CIA 납북자 명부에 영어로 정확히 기록돼 있어 놀랐다"며 "미국이 북한에 전쟁 발발과 납북 책임을 물으려고 작성한 것으로 추정된다"고 말했다.

대한적십자사는 6·25전쟁 중 끌려간 납북자 숫자를 7,034명으로 보고 있다. 그러나 '6·25전쟁 납북인사 가족협의회'에 따르면, 6·25전쟁 때 납북된 인사는 대한적십자사 자료의 11배가 넘는 8만 2,959명이라고 한다. 또 통일부는 6·25전쟁 이후 납북자도 3,800여 명으로 추정하고 있다. 그럼에도 불구하고 납북자 문제는 남북한 간에 여전히 해결을 위한 논의조차 제대로 이뤄지지 않고 있다.

우리 정부는 납북자 가족과 인권 운동가들의 간절한 요청에 대해 "납북자의 조기 송환을 위해 노력하고 있다"는 말만 되풀이하고 있고, 북한은 "존재하지도 않는 납북자 문제를 거론하지도 말라"며 탈

북 여종업원부터 먼저 보내라고 오히려 큰소리치고 있다. '적반하장'
그 자체가 아닐 수 없다.

사부곡, 어느덧 50년...

　　　　　　　　1969년 12월 11일. 강릉에서 서울로 가는 대
한항공 YS-11 항공기 안에는 승무원 4명과 승객 47명이 타고 있었
다. 영동방송의 3년차 PD였던 황원(당시 32세) 씨도 그중 한 사람이었
다. 보도부장을 대신해 떠난 서울 출장길. 비행기는 이륙한 지 10분
만인 낮 12시 25분쯤 대관령 상공에서 승객을 가장한 북한 공작원
조창희에 의해 북으로 납치됐다.

　이때 납북된 황원 씨에게는 돌이 갓 지난 아들이 있었는데, 그 핏
덩이 아들이 쉰 살이 넘은 중년이 됐다. 아들 인철 씨의 심경 토로다.

> "우리 정부는 반박할 근거가 충분한데도 행동하지 않았다. 김대중 정
> 부 때 납북자를 '이산가족'의 범주에 포함시키면서 모든 문제가 꼬여버
> 렸다. 납치 피해자인데 상봉을 한다고 해결될 수 있는 문제인가. 피랍된
> 자국민 보호를 위해 북한을 압박하고, 하다못해 거래라도 시도해야 하
> 는데 아무것도 하지 않는다. 대통령은 대북 경협만을 얘기하지, 단 한
> 번도 당당하게 납북자 문제를 거론하지 못했다. 대한민국 정부는 우리
> 아버지를 비롯한 납북자들을 다 버렸다. 허탈하다."

미국은 올해 5월 북미정상회담을 앞둔 트럼프 대통령이 폼페이오 국무장관을 직접 평양에 보내 미국 국적 억류자 3명을 비행기에 태워서 나왔다. 이 모습을 본 수천 명 납북자 가족들의 심정은 어땠을까?

여전히 생사조차 알 수 없는 가족들. 그들의 '단장(斷腸)의 고통'을 생각하면 가슴이 저민다.

1954년 3월 11일 서울 덕수궁 앞에서 '6·25 납북인사 구출대회'를 열고 있는 가족들

'굳세어라 금순아' 앨범 표지

굳세어라 금순아 (흥남부두 철수 작전)

눈보라가 휘날리는 바람 찬 흥남부두에
목을 놓아 불러봤다 찾아를 봤다
금순아 어디를 가고 길을 잃고 헤매었더냐
피눈물을 흘리면서 일사 이후 나홀로 왔다

일가친척 없는 몸이 지금은 무엇을 하나
이 내 몸은 국제시장 장사치기다
금순아 보고 싶구나 고향꿈도 그리워진다
영도다리 난간 위에 초생달만 외로이 떴다

철의 장막 모진 설움 받고서 살아를 간들
천지간에 너와 난데 변함 있으랴
금순아 굳세어다오 북진통일 그날이 오면
손을 잡고 웃어보자 얼싸안고 춤도 춰보자

6

흥남부두의
금순이는
어디로 갔을까?

　'굳세어라 금순아'는 6·25전쟁 중 흥남부두 철수로 헤어진 사람들의 정서와 애환을 절절하게 담아내 인기를 끈 빅히트곡이다.

　박시춘이 작곡하고 그의 친구인 강사랑이 작사했다. 노래는 당대 남인수와 쌍벽을 이루는 인기가수였던 현인이 불렀다. 현인은 데뷔곡 '신라의 달밤'으로 이미 스타덤에 올라 있었지만, '굳세어라 금순아'를 부르면서 비로소 1950년대의 대표 가수로서의 위상을 확보했다. 1953년 대구의 오리엔트레코드사를 통해 발표되었다.

　노랫말에는 '흥남부두', '1·4 후퇴', '국제시장', '영도다리' 등 6·25와 피란시절을 상징하는 단어가 들어 있다. 노래의 화자는 전쟁 때문에 가족, 연인과 생이별을 하고 피란지 부산에서 장사치로 일하고 있다. 흥남부두에서 헤어진 '금순이'에게 자신의 안부를 전하고 다시 만날 때까지 굳세게 잘 지내기를 바라는 내용이다.

노랫말 속의 피란지 부산은 자유를 찾아 몰려든 피난민들로 넘쳐났다. 영도다리 부근과 용두산, 그리고 보수동 일대는 따닥따닥 붙은 판자촌이 됐다. '홍길동이가 백두산이를 찾는다. 몇 월 며칠 영도다리에서 보자. 기다리겠다'는 벽보가 즐비하게 나붙었다. 영도다리는 만남의 장소였다.

실향민의 아픔과 기원을 토로한 애절한 가사와 달리 노랫가락은 경쾌하고 구성지다. 특히 3절에는 어떤 어려움 속에서도 너와 나 사이는 변함이 없을 것이며 '북진통일'이 되면 재회하여 함께 얼싸안고 춤을 추자는 매우 희망적인 내용이 들어있다. 이 노래는 전쟁으로 인한 이별에 대한 절묘한 묘사로 전쟁 직후의 시대상과 공명하면서 전쟁가요의 명곡이 됐다.

3절 가사의 '북진통일'은 1960년대 현인이 리바이벌 음반을 발매하면서 '남북통일'로 개사했다. 시대 흐름에 따라 '북진통일'이라는 표현이 적절치 않다는 판단 때문이었다.

격동의 시대,
서민 아픔 달래 준 '현인'

'굳세어라 금순아'를 부른 현인의 본명은 현동주이며, 1919년 부산 영도구 영선동에서 태어났다. 일제강점기에 영국 스탠더드 석유회사를 다녔던 아버지와 일신여학교를 나온 '신여성'인 어머니 사이에서 태어나 풍족한 가정환경에서 자라났다. 1938년 경성제2고등보통학교(지금의 경복고)를 졸업하고, 1942년 일본 우에노 음악학교 성악과를 마쳤다.

대학 졸업 후 음악교사로 잠시 일하다 일제의 징용을 피해 중국 상하이로 건너가 황해, 박단마 등과 함께 악극단 '신태양'을 조직해 활동했다. 1946년 귀국한 후에도 악단을 조직하여 극장 무대에서 샹송과 팝송 등을 불렀다. '고엽', '베사메무초'는 그의 인기 번안곡이었다. 이후 작곡가 박시춘을 만나 대중가수의 길을 걷게 되었다.

처음에는 "성악을 전공한 음악도가 유행가를 부를 수 없다"고 했지만 박시춘의 강력한 권유로 1947년 '신라의 달밤'을 취입했고, 이 노래로 단숨에 인기를 얻어 이후 주로 박시춘의 곡을 받아 왕성한 가수활동을 했다.

특유의 부르르 떠는 창법 등으로 대중들로부터 큰 사랑을 받은 현인은 '비 내리는 고모령', '서울야곡', '전우야 잘 자라' 등을 발표하며 1950~1960년대 격동의 시대에 서민들의 아픔과 향수를 달래주기도 하고 희망을 심어주기도 했다.

1974년 미국으로 이민 갔다가 7년 만인 1981년 다시 돌아와 말년에도 KBS '가요무대'에 출연하는 등 가수활동을 계속하였다. 연예협회 가수분과위원장과 연예협회 부이사장 등을 지냈고, 1999년 제6회 대한민국 연예대상을 수상했다.

부산에서는 그의 업적을 기리기 위해 2005년부터 '현인가요제'를 매년 송도 해수욕장에서 개최하고 있다. 영도다리 입구에는 '굳세어라 금순아' 노래비와 현인의 동상이 세워져 있다. 현인 동상의 오른쪽 발에 닿으면 노래가 나오고 그 곳에 앉아 노래를 들을 수가 있다.

피난민 9만 명 구한 '기적의 흥남철수'

'흥남철수'는 미군 제10군단과 국군 제1군단이 1950년 12월 15일부터 23일까지 흥남부두를 통해 해상 철수한 작전이다.

6·25전쟁에서 가장 참혹한 전투였던 '장진호 전투'에서 많은 피해를 입은 국군과 유엔군은 원산이 중공군과 북한군에 넘어가 퇴로가 차단되자 흥남 해상을 통해 철수할 수밖에 없었다.

대한민국 정부는 유엔군이 중공군에게 밀려 평양을 포기하게 되자, 12월 4일 평양시의 전 행정기관을 철수시키고 38선 접경 및 그 이북 전역에 다시 비상계엄을 선포하였다. 아울러 정부는 자유를 찾아 남하하는 50여만 명에 달하는 이북 피란민 구출을 위한 긴급조치를 취하였다.

1950년 12월 당시 서부전선으로 북진한 미 8군은 육로로 후퇴할 수 있었지만 동부전선 장진호 방면으로 북진한 미 제10군단의 병력은 퇴로가 차단되는 지형 특성상 해상으로 철수할 수밖에 없는 상황이었다. 장진호 전투 시 하갈우리에는 현지 주민을 비롯하여 함흥 방면에서 올라온 주민들이 전투를 피해 주변 계곡이나 동굴에 숨어 있다가 미군이 진주하자 운집하고 있었다.

6·25전쟁 흥남부두 철수 때 최다 인명 구조로 기네스북에 오른 '메러디스 빅토리호'

미 10군단과 국군 1군단은 영하 27도의 추위 속에서 중공군의 공격을 방어하면서 작전기지인 흥남으로 천신만고 끝에 후퇴하였으며, 원산에 주둔해 있던 미 제3사단도 중공군이 남쪽의 퇴로를 막아 이곳으로 이동해 왔다. 이때 집결 병력은 10만 5,000여 명이었다.

1950년 12월 9일 맥아더 원수의 철수 명령이 하달되었고 곧 미 합참이 철수를 승인함으로써 흥남철수작전이 개시되었다. 같은 해 12월 11일부로 미 제1해병사단의 병력과 장비가 탑재되기 시작하여 같은 달 14일 선적이 완료되었으며, 15일 흥남부두에서 출항하였다. 이후 차례로 유엔군 부대와 국군 제1군단이 12월 23일까지 흥남철수를 완료하였다.

'한국의 쉰들러'
현봉학의 숨은 공로

미 제10군단장 알몬드 장군은 처음에는 600

만 톤이나 되는 무기와 장비를 수송해야 했기에 피난민 수송이 어렵다며 난색을 보였다. 그러나 국군 제1군단장 김백일 장군과 통역인 현봉학의 끈질긴 설득으로 마지막 남는 공간에 피란민 승선을 허락하였다.

6·25전쟁 당시 흥남철수 작전에서 피란민 구조에 기여한 '한국의 쉰들러' 현봉학 박사(맨 오른쪽)

한국인 통역 현봉학은 세브란스의전을 졸업한 뒤 미국 유학을 마치고 막 귀국한 28세의 젊은 의사였다. 영화 '국제시장'에서 김무성 전 새누리당 대표의 아들 고윤이 맡은 역이 바로 현봉학이다. '한국의 쉰들러'로 불리는 현봉학은 1996년 펴낸 자서전 '나에게 은퇴는 없다'에서 이때의 상황을 이렇게 소개하고 있다.

알몬드: 당신은 그 유창한 영어를 어디서 배웠소?

현봉학: 예! 버지니아 리치몬드의 의대에서 배웠습니다.

알몬드: 뭐요? 거긴 나의 고향인데… 그럼 당신 고향은 어디요?

현봉학: 예, 군단장님이 주둔하고 계신 함흥입니다.

알몬드: 남의 나라에 와서 전쟁 중에 고향 악센트를 쓰는 청년을 만나다니….

이런 인연이 또 있을까? 알몬드 장군의 미국 고향에서 현봉학이

유행가는 역사다

공부했고, 전쟁이 나면서 현봉학의 고향에 알몬드 장군의 부대가 주둔했던 것이다. 이런 인연으로 '장군의 고향 말 쓰는' 현봉학은 10군단 민사부 고문으로 보직 발령이 났던 것이다.

피란민 승선이 허락되자 부두는 아수라장으로 변하였다. 수송선 LST 한 척에는 정원의 10배가 넘는 5,000여 명이 승선하였지만, 30만의 인파 중 마지막까지 배를 탄 피란민은 9만 1,000여 명이었다. 피란민을 태우기 위해 400톤의 폭약과 560만 톤의 장비가 버려졌다. 승선이 끝난 후 해군 함대와 폭격기가 집중사격을 가하여 흥남부두와 유기한 폭약과 장비들을 폭파시켰다. 중공군과 북한군의 부두 접근과 남하를 막기 위한 조치였다.

흥남 철수작전은 여러 가지 기록을 남겼다. 10만 명이 넘는 병력과 1만 7,500대의 각종 차량, 35만 톤의 물자를 함정으로 완전하게 철수시켰다. 이와 함께 항공기를 이용해서도 병력 3,600명과 차량 196대, 1,300톤의 물자를 철수시켰다.

화물선이었던 '메러디스 빅토리호'가 흥남을 떠나 거제도 장승포항에 정박한 것은 크리스마스인 25일 낮 12시 42분이었다. 메러디스 빅토리호는 최다 인명 구출로 기네스북에 오르기도 했다. 레너드 라루 선장은 1960년 이런 말을 했다.

"10년 전 크리스마스 때 지구 반대편에서 한 놀랍고 경이로운 항해를 잊을 수 없다. 그것은 기적이었다. 사흘 동안 신이 우리와 함께 항해했다고 나는 믿는다."

레너드 라루 선장은 전쟁이 끝난 뒤 미국으로
돌아가 마리누스로 이름을 바꾼 뒤 수도사 생활
을 했고, 패터슨 교구의 뉴턴 수도원에서 생을 마
쳤다. 뉴턴 수도원장을 지낸 조엘 매컬 신부는 "수
도사 마리누스는 말수가 거의 없고 조용한 사람
이었다. 동료 수도사 대부분이 그가 한국인 1만

'메러디스 빅토리아호' 선장
레너드 라루

4,000명을 구한 선장 출신이라는 걸 몰랐다"고 전했다. 성인(聖人)으
로 추대하는 방안이 미국 가톨릭계에서 추진되고 있다.

문재인 대통령의 아버지 문용형과 어머니 강한옥, 누나 문재월도
이 배를 탔다. 문재인의 부모는 큰딸을 데리고 빈손으로 내려와 거제
도에 정착했고, 거기서 둘째 문재인을 낳았다.

문재인의 아버지는 피란 온 뒤 거제도 포로수용소 노무자로 막일
을 했고, 강한옥은 거리에 나가 계란 행상으로 가계를 꾸렸다고 한
다. 문재인이 어릴 때 가족들은 부산 영도로 이사했다.

'1950년 크리스마스의 기적'은 이렇게 이뤄졌다. 항해하는 동안 그
많은 피란민 중에서 한 사람도 죽은 사람은 없었다고 한다. 오히려 5
명의 새 생명이 배 안에서 탄생했다. 미군들은 그 아이들을 '김치 원
(1)~김치 파이브(5)'로 불렀다.

유행가는 역사다

"오! 김치1, 5"
얼싸안은 흥남철수 영웅

2018년 4월 6일 오전 10시 30분. "이렇게 다시 한국을 찾으니 흥남철수작전 당시가 생각나고 보람도 느낍니다."

경남 거제의 포로수용소 유적공원 흥남철수작전 기념비 앞에 선 벌리 스미스 씨는 깊은 감회에 젖었다.

그는 6·25전쟁 중이던 1950년 12월 함경남도 흥남항에서 1만 4,000명의 피란민을 태우고 거제까지 성공적인 철수작전을 펼쳤던 상선 메러디스 빅토리호의 항해사였다. 그의 한국 방문은 이번이 세 번째다. 부인 바버라 해커와 딸 루스 클라크, 6·25전쟁 참전용사 가족인 티머시 라이언, 엘린 에이스 등 12명과 함께 왔다.

스미스 씨 일행은 중국, 제주, 부산, 일본을 거치는 크루즈 여행 중 흥남 철수작전 참가 영령을 추모하기 위해 거제에 들렀다. 국가보훈처에서는 김광우 제대군인국장 등이 참석했고 박명균 거제시장 권한대행이 스미스 씨 일행을 안내했다.

행사에서는 미국 국가와 애국가 연주에 이어 스미스 씨와 김 국장 등이 차례로 기념비에 헌화했다. 스미스 씨는 김 국장에게 미국 국회 의사당에 걸려 있던 성조기와 자신의 고향인 플로리다주 마이애미 시기(市旗)를 전달했다. 김 국장은 스미스 씨에게 문재인 대통령 기념시계를 선물했다.

특히 당시 메러디스 빅토리호 항해 도중 태어나 미군들이 '김치 원

⑴'부터 '김치 파이브⑸'로 불렸던 5명 가운데 '김치 원' 손양영 씨와 '김치 파이브' 이경필 씨가 행사장을 찾아왔다.

> 손양영: 제가 김치 원입니다. 뵙게 돼 반갑습니다.
> 스미스: 오, 당신이 가장 먼저 태어난 김치 원이군요. 건강해 보여 기쁩
> 니다.
> 이경필: 웰컴, 잘 오셨습니다.

세 사람은 서로 얼싸안고 손을 꼭 잡았다. 스미스 씨는 "미국은 많은 피란민을 데려오기 위해 노력했고, 피란민들은 혼란 없이 안전하게 항해를 할 수 있도록 믿음과 신뢰를 보여줬다"고 회고했다. 그는 "당시 거제도 주민들이 추운 날씨 속에 음식과 옷이 부족했지만 북한 동포들을 따뜻하게 받아들였다"고 기억했다.

메러디스 빅토리호 승선원 가운데 생존자는 스미스 씨를 포함해 3명이다.

노래와 상관없이
패러디 되는 '금순이'

인상적인 제목의 '굳세어라 금순아'는 이후 영화, 드라마, 코미디나 패러디의 대상으로 자주 쓰였다. 여성 정치인이나 연예인에게 힘을 내라는 제목을 '굳세어라 ○○아'로 붙이는 식

이다.

1962년 이 노래 내용을 소재로 한 최무룡·구봉서 주연의 영화 '굳세어라 금순아'가 개봉됐다. 2002년에는 배두나·김태우가 주연한 '굳세어라 금순아'가 제작되었지만 노래와는 전혀 다른 내용이었다. 그리고 2005년 한예진·강지환 주연의 MBC 드라마 '굳세어라 금순아' 163부작이 방송됐지만, 이 드라마 역시 제목이 같고 '금순이'라는 여자 주인공이 등장한다는 것 외에는 노래와 상관없는 줄거리였다.

바람 찬 흥남부두에서 헤어진 금순이. 그녀는 도대체 어디로 갔을까?

'이별의 부산정거장' 앨범 표지

이별의 부산정거장
(6 · 25 임시수도 부산)

보슬비가 소리도 없이 이별 슬픈 부산정거장
잘 가세요 잘 있어요 눈물의 기적이 운다
한 많은 피난˚살이 설움도 많아
그래도 잊지 못할 판잣집이여
경상도 사투리에 아가씨가 슬피우네
이별의 부산정거장

서울 가는 십이 열차에 기대앉은 젊은 나그네
시름없이 내다보는 창밖에 등불이 존다
쓰라린 피난살이 지나고 보니
그래도 끊지 못할 순정 때문에
기적도 목이 메어 소리 높이 우는구나
이별의 부산정거장

가기 전에 떠나기 전에 하고 싶은 말 한마디를
유리창에 그려보는 그 마음 안타까워라
고향에 가시거든 잊지를 말고
한두 자 봄소식을 전해주소서
몸부림치는 몸을 뿌리치고 떠나가는
이별의 부산정거장

• 피란(避亂): 난리(전쟁)를 피하여 옮겨 감
표기법 상 '피란'이 맞지만 원 가사가 '피난'으로 쓰여진 점을 감안해 가사 중의 표기는 '피란'으로 고
치지 않고 그대로 둠.

7

한 많은 피란살이 설움도 많아 :

'이별의 부산정거장'은 6·25전쟁 직후 피란의 추억을 잘 묘사해 큰 반향을 얻은 노래다. 전쟁이 나고 2년 1개월간의 휴전협상을 거쳐 1953년 7월 27일, 드디어 정전협정이 체결된다. 정부는 8월 15일 임시수도 부산에서 서울로 수도가 옮겨가고 국회는 9월 16일 뒤따른다.

200만 피란민이 고향과 새로운 터전을 찾아 나섰던 것은 당연한 귀결. 희망을 품은 전란의 시기에 작사가 유호는 '호동아'라는 필명으로 부산정거장의 이별 상황을 실감나는 가사로 그려냈다.

박시춘 작곡, 호동아 작사의 이 노래는 6·25전쟁 휴전 이듬해인 1954년 남인수가 불렀으며, 일제 강점기부터 히트곡을 많이 낸 박시춘·남인수 콤비의 작품 가운데서도 매우 높은 인기를 끌었다.

전쟁의 영향 속에 있던 이 시기에는 박시춘 작곡의 '전우야 잘 자라', 박단마가 취입한 '슈샤인보이', 현인이 부른 '굳세어라 금순아', 신세영이 부른 '전선야곡' 등 전쟁의 상처와 관련된 노래들이 유행했다. 이 노래는 역시 박시춘이 작곡한 '굳세어라 금순아'처럼 피란민들의 애환을 그리고 있다.

가사 내용은 피란살이를 마치고 피란지에서의 추억을 간직한 채 환도 열차를 타고 부산을 떠나면서 부산정거장, 즉 부산역에서 이별을 맞는 순간을 애절하게 묘사한 것이다. 몸부림치며 이별하고 기적마저 목이 메어 우는 가사 내용과는 달리 노래 가락은 빠르고 경쾌하여 희망적인 분위기를 느끼게 해준다.

1,023일간 대한민국의 임시수도 '부산'

1950년 6·25전쟁이 터지자 대한민국 정부는 대전과 대구를 거쳐 8월 18일 부산으로 수도를 옮겼다. 인천상륙작전으로 전세를 역전시키면서 1차 임시수도로서 부산의 역할은 70일 만에 끝이 났다. 하지만 중공군의 전쟁 개입으로 다시 서울을 내줄 수밖에 없었던 1·4후퇴 하루 전부터 휴전협정 체결로 환도할 때까지 부산은 1차 때보다 훨씬 길게 2차 임시 수도로서의 역할을 감당했다.

전쟁 발발 후 8월 18일에 정부 기관들이 부산으로 이전되었다. 부산시 서구 부민동의 경남도청을 임시 중앙청으로 정했다. 부산시 청사에는 사회부와 심계원, 고시위원회, 문교부를 두고, 남전(南電) 경남지부에 상공부를 두었다.

국회는 부산극장에, 사법기관은 부산지방법원에, 검찰기관은 부산지방검찰청에 두었다. 그 외에 중앙에 있던 경제·사회·문화·금융·교육 관련 기관들도 부산에 자리를 잡았다. 미국 대사관은 부산 미국문화원에 자리 잡았고, 각국의 외교 기관들도 곳곳에 자리하였다.

1·2차를 합쳐 통상 '임시수도 부산 1000일'로 일컬어지는 이 시기, 항구도시 부산은 피란민들의 물결에 북새통이었다. 인구 40만 명의 도시 부산이 단숨에 인구 100만 명의 대도시로 변해버렸다. 당시는 하루도 조용한 날이 없었던 정치적 격동과 경제·사회적 혼란의 시기였다. 작가 김동리는 단편 '밀다원 시대'에서 임시수도 시절의 부산을 다음과 같이 묘사했다.

> "끝의 끝, 막다른 끝, 거기서는 한 걸음도 떠나갈 수 없는, 한 걸음만 더 내디디면 바다에 빠지거나 허무의 공간으로 떨어지고 마는 그러한 최후의 점 같은 곳…. 끝이 무엇이던가. 치사량의 페노발비탈을 먹는 곳, 더는 나아갈 수 없는 곳, 어쩔 수 없이 죽음과 마주한 곳이다. 하지만 그곳은 반환점이요, 또한 새로운 시작점이기도 하다. 이를테면 죽어야 살 수 있는 곳이다."

해방으로 갓 태어난 한국 정치는 부산 임시수도 시절 독재로 치달았다. 전시 경제는 엉망이었으며 사람들은 꿀꿀이죽을 먹으며 아사

직전을 헤맸다. 부산은 그야말로 침몰 직전의 구명정 같았다. 그러나 되레 그것들이 현대사의 아픔과 상처를 온전히 간직한 도시 부산을 만들었다.

백골단... 딱벌떼... 부산 정치파동

　　　　　　　　동아대학교 부민캠퍼스 정문 바로 앞에 있는 붉은 벽돌의 동아대 박물관은 당시 임시수도 정부청사였다. 이 앞에서 1952년 5월 26일 한국 헌정 사상 최초의 대낮 정치 쇼가 벌어졌다.

　"국회의원이고 나발이고 비상계엄인데 검문을 받아야 할 거 아니냐"는 무법천지가 전개된 것이다. 그 전날 정부가 부산이 속한 경상남도, 전라남도, 전라북도 일원 23개 시·군에 공비 토벌 명목으로 비상계엄령을 내리자 이승만의 수족인 군과 경찰, 정치깡패들의 만행이 시작된 것이다.

　헌병대는 5시간의 실랑이 끝에 국회의원들이 탄 통근버스를 공병대 크레인에 대롱대롱 매달아 끌고 갔다. 이런 해괴망측한 구경거리가 있을 수 없었다. 부민동 거리에는 출근길의 수천 명 인파가 몰려들었다. 국회 동의 없이 국회의원 12명이 구속됐다.

　이것이 '발췌개헌안' 공포까지 40여 일간 진행된 부산 정치파동의 시작이었다. 검거령이 떨어진 강경파 야당 의원 40명은 한여름 내내 숨어 지냈다. 비상계엄은 의석 분포상 국회 간선제로는 대통령 재선 가능성이 100% 없었던 이승만이 일으킨 친위 쿠데타였다. 4·19혁명으로 막을 내리는 이승만 장기 집권의 서막이기도 했다.

1952년 5월 26일 임시수도 부산에서 야당 국회의원 50여 명이 탄 통근버스를 강제로 끌고 가는 헌병대

남포동 뒷골목도 출렁거렸다. 1952년 6월 20일 국제구락부 사건. 거기서 한국 정치가 또 한 번 죽었다. 그날, 국제구락부에서 민국당 간부들과 이시영, 김창숙 등 81명의 반이승만 인사들이 '반독재 호헌 구국대회'를 열려고 했다. 하지만 갑자기 들이닥친 괴한들에 의해 대회장은 순식간에 아수라장이 됐고 부상자들이 속출했다.

독립운동가 출신 김창숙의 흰 모시 두루마기는 피로 물들었고, 전쟁 초기 내무장관을 지낸 조병옥은 화분에 얼굴을 맞는 부상을 당했다. 야당인 민주국민당의 총무부장인 유진산 등 27명이 구속됐다.

국제구락부에 난입한 폭도들은 해골 문양으로 유명한 '백골단'이었다. 이들은 영도경찰서 옆 대평동의 낡은 일본식 2층 집에 본부를 둔 정치깡패 집단이었다. 1952년 초 이승만의 참모인 국회의원 양우정이 재일대한청년단 사람들을 불러 만든 것이라고 한다. 땅벌 문양을 사용한 '땃벌떼'도 백골단과 쌍벽을 이룬 정치깡패 집단이었다. 백골단과 땃벌떼는 벽보작업, 소환대회, 탄원서, 국회해산 촉구 데모 등을 통해 부산 정치파동의 험악한 분위기를 조성했다.

이러한 험악한 정세 속에서 '족청계' 지도자인 이범석과 '신라회'를 주도한 국무총리 장택상을 중심으로 국회와 정부의 개헌안을 절충한 이른바 '발췌개헌안'이 제출되었다. 주요 내용은 대통령 직선제, 상하 양원제, 국무총리의 제청에 의한 국무위원의 임명과 면직, 국무위원에 대한 국회의 불신임 결의권 등이었다.

이 '발췌개헌안'은 6월 24일 밤 헌병·경찰의 삼엄한 호위 아래 국회 재적의원 185명 중 166명이 출석하여 163명의 찬성으로 통과되었다. 공포 속에서 이루어진 표결이었지만 끝까지 이를 거부한 의원이 3명 있었다. 그러나 이승만의 뜻을 거스른 3명의 이름은 어디에도 기록되지 않았다.

'수상한'
이승만 암살 미수 사건

1952년 6월 25일, 충무동 광장에서 이승만 대통령 암살 미수 사건이 일어났다. '6·25 전쟁 2주년 기념 및 북진 촉구 시민대회' 식장에서 벌어진 그 사건은 아주 어설펐다.

기념식장 단상에 오른 이승만 대통령의 연설이 중간쯤에 이르렀을 무렵이었다. 그때 귀빈석 왼편 뒷자리에서 양복 차림에 중절모를 쓴 60대 노인이 갑자기 단상으로 돌아내려 오더니 이 대통령과 3m도 안 되는 곳에 섰다. 이 노인은 모자를 벗고 그 속에 숨겨놓았던 독일제

엘필트 권총을 꺼내 이승만을 겨누었다. 순간, 총에서 '탕탕'이 아니라 '찰칵 찰칵' 하는 소리가 났다. 불발이었다. 노인은 현장에서 체포되었다.

그는 경북 안동 출생으로 대구에 사는 62세의 전 의열단원 유시태였다. 배후는 역시 의열단 출신인 민국당 국회의원 김시현이었다. 경찰은 미리 알고 있었다는 듯 사건 발생 2시간 만에 김시현을 검거했다.

다음날 공범으로 서상일, 백남훈 등 민국당 간부들을 체포했다. 김시현은 이 사건으로 사형 선고를 받고 무기징역으로 감형된 후 1960년 4·19혁명으로 석방되었다.

이 사건을 두고는 '조작이다', '실제 이승만을 암살하려고 했다', '이승만에게 겁만 주려고 했다'는 등 여러 설이 나왔다. 당시 재판 때 군기관의 총기 감정 결과가 가관이다. "총은 녹슬고 기능이 제대로 발휘되지 않으며, 탄환은 30년도 넘은 것으로 그 권총과 탄환으로는 누가 쏴도 불발일 수밖에 없다"는 것이다. 여하튼 이승만 저격 미수사건은 반이승만 세력을 난처하게 만든 '부산 정치파동의 변곡점'이었다.

대통령 직선제를 골자로 한 발췌개헌안 공포 뒤 이승만은 노회한 정치행보를 보였다. "자유당의 대통령 후보 지명을 수락하지 않겠다. 나는 이미 나이가 많다. 조용히 살고 싶다"고 했지만 사실은 출마 촉구 시위를 유도하는 우회적 발언이었다. 부민동 대통령 관사 앞은 매일 시끄러웠다. 데모꾼들은 "이승만 각하는 꼭 출마하셔야 합니다"라는 구호를 앵무새처럼 외쳐댔다.

발췌개헌안이 통과된 지 39일 만인 1952년 8월 5일 국민 직선의

정·부통령 선거가 실시되었다. 이승만은 총 투표수의 72% 지지로 당선되었고, 부통령에는 자유당의 이범석을 제치고 이승만이 지지한 무소속의 함태영이 당선되었다. 이후 이승만은 정치 파동의 수족으로 활용한 이범석과 족청계, 그리고 국무총리 장택상을 제거하는 무서운 정치력을 발휘하면서 독재를 향한 브레이크 없는 질주를 시작한다.

부산 문화,
외지 문화와 만나다

임시수도 부산은 서울로 환도할 때까지 한국 문화의 중심지였다. 많은 예술인들이 부산으로 몰려들었으며 광복동과 남포동을 중심으로 문화적 사건들이 불빛처럼 명멸했다.

27세의 천경자가 청탑그릴에 독사떼를 그린 '생태'를 내걸어 화단에 충격을 주었고, 화단의 귀재 이중섭은 '범일동 풍경', '문현동 풍경'을 그려 피난살이 판자촌 모습을 생생하게 남겼다. 김은호, 변관식 등 일급 화가들은 영도의 대한도기에서 '수출용 도자기 그림'을 아르바이트로 그렸다.

임시수도 시절, 부산에서는 외지 문화와 부산 문화가 충돌했고 어우러졌다. 그러면서 한국 현대예술의 씨앗이 잉태됐고, 부산 문화가 자의식을 가지게 됐다. 그 시절 부산은 이름에 '가마 부(釜)' 자를 쓰는 도시답게 전쟁이 수반한 죽음과 고통을 녹여낸 '뜨거운 도시'가 됐다. 수십만 명의 피난민들이 원도심의 산비탈에 팍팍한 삶을 바늘

처럼 힘겹게 꽂았다.

1951년 7월부터 휴전 회담이 개막되자 이를 반대하는 시위가 임시 수도 부산을 중심으로 남한 곳곳에서 일어났다. 정부청사와 국회 앞에서는 매일같이 휴전 결사반대 국민 총궐기 대회가 개최되었다. 반대 시위는 유엔기관 앞에서도 자주 일어났다. 휴전 성립의 최대 난관이었던 포로교환 협정은 1953년 6월 8일에 체결되었다.

1953년 7월 27일, 유엔군 대표 해리슨 중장과 공산군 측 대표 남일 사이에 휴전 협정이 성립되었다. 휴전 협정문에는 해리슨과 남일 외에 유엔군 측에서 클라크 대장이, 공산군 측에서 김일성과 중국 인민지원군 사령관 펭더화이가 서명했다. 대한민국은 '북진통일'을 주장한 이승만 대통령이 휴전을 거부했기 때문에 휴전협정 서명에 참여하지 않았다.

3년에 걸친 6·25전쟁은 마무리되었다. 정부와 국회는 다시 서울로 옮겨갔다. 이로써 전쟁 기간 중 대한민국의 정치, 경제, 사회, 문화의 중심지 역할을 한 임시수도 부산의 약 1000일 간의 임무는 종결되었다.

서울 가는 짝수 열차
'십이열차'

경부선 철도의 종착점이자 시작점인 부산역은 부산항과 더불어 20세기 초부터 이른바 '경부축' 발전의 핵심 역할을 해왔다. 6·25전쟁과 임시수도 시절 부산역은 지금의 자리가 아닌 다른 곳에 다른 모습으로 있었다. 중앙동 쪽인 부산세관 앞 부산무역회관 빌딩 자리에 있었던 것이다.

6·25전쟁 부산 임시수도 시절 피란민들과 부두 노동자들의 애환이 깃든 '40계단'

이곳에 있었던 부산역이 '이별의 부산정거장'의 바로 그 부산정거장이다. 1905년 1월 1일 서울~부산 초량 간 경부선이 개통됐고, 1908년 4월 1일 르네상스 양식의 부산역 건물이 섰다. 이후 1953년 11월 27일 화재로 건물이 소실되어, 중앙동 가건물을 부산역으로 운영하다가 1968년에 지금의 자리에 역사(驛舍)를 신축했다.

2절 가사 '서울 가는 십이열차'는 짝수 열차의 번호다. 당시 지방에서 서울로 향하는 열차는 짝수, 서울에서 지방으로 향하는 열차번호는 홀수였다고 한다.

부산정거장인 부산역과 함께 중앙동 '40계단'도 한국전쟁 당시의 애환을 떠올리게 하는 상징 중 하나다. 2004년 40계단 중간에 동상 '아코디언 켜는 사람'과 스피커를 설치해 흘러간 유행가를 들을 수 있는 명소가 됐다. 오전 9시부터 오후 6시 사이에 계단을 오르내리면 '이별의 부산정거장', '경상도 아가씨' 등 가요 5곡이 차례로 나온다. '경상도 아가씨'는 이재호 작곡, 손로원 작사에 박재홍이 불렀다.

사십계단 층층대에 앉아 우는 나그네
울지 말고 속 시원히 말 좀 하세요
피난살이 처량스레 동정하는 판잣집에
경상도 아가씨가 애처로워 묻는구나
그래도 대답 없이 슬피 우는 이북고향 언제 가려나

고향길이 틀 때까지 국제시장 거리에
담배장사 하더래도 살아 보세요
정이 들면 부산항도 내가 살든 정든 산천
경상도 아가씨가 두 손목을 잡는구나
그래도 뼈에 맺힌 내 고장이 이북 고향 언제 가려나

'이별의 부산정거장'과 마찬가지로 '경상도 아가씨'도 고단한 시대를 살았던 피란민들에게 위안과 용기를 준 가요로서 6·25전쟁 당시 부산 중앙동과 광복동을 중심으로 한 당시의 시대상을 잘 담고 있다.

6·25 전쟁 당시 고향을 등지고 남하한 수많은 피난민들이 부산에 모여들었고, 그 가운데는 이북 동포들이 많았다. 이들은 담배 장수, 부두 노동을 해가면서 살아야 하였는데 이들을 따스하게 감싸는 경상도 아가씨의 다정한 모습을 담고 있다.

'세월이 가면' 음반

세월이 가면 (명동의 낭만)

지금 그 사람 이름은 잊었지만
그 눈동자 입술은 내 가슴에 있네
바람이 불고 비가 올 때도
나는 저 유리창 밖 가로등
그늘의 밤을 잊지 못하지

사랑은 가고 옛날은 남는 것
여름날의 호숫가 가을의 공원
그 벤치 위에 나뭇잎은 떨어지고
나뭇잎은 흙이 되어 나뭇잎에 덮여서
우리들 사랑이 사라진다 해도

지금 그 사람 이름은 잊었지만
그 눈동자 입술은 내 가슴에 있네
내 서늘한 가슴에 있네

8

지금 그 사람 이름은 잊었지만…

1956년 3월 어느 날 저녁. 6·25전쟁으로 완전 폐허가 되었다가 어느 정도 복구되어 제 모습을 찾아가는 서울 명동의 한 모퉁이에 자리 잡고 있는 '경상도집'에 시인 박인환, 극작가 이진섭, 소설가 송지영 등 몇 명의 문인들이 모여 술을 마시고 있었다.

마침 그 자리에는 가수 겸 배우 나애심도 함께 있었는데, 술이 몇 순배 돌고 취기가 오르자 일행들은 나애심에게 노래를 청했다. 그러나 나애심은 꽁무니를 빼며 좀처럼 노래를 부르지 않았다. 그때 박인환이 호주머니에서 종이를 꺼내더니 즉석에서 시를 써내려갔다. 이 모습을 물끄러미 보고 있던 나애심이 말을 꺼냈다. EBS 24부작 드라마 '명동백작' 중의 한 대목이다.

나애심: 이 선생님, 곡 좀 붙여봐 주실래요?

이진섭: 그래. 어디 좀 볼까?

박인환: 낙서한 거예요. 그냥 주세요.

이진섭: 아줌마, 여기 종이하고 연필 좀 주세요.

나애심: 곡 잘 써주세요.

이진섭: 자 한번 불러 봐요 나애심 씨.

이진섭이 작곡한 악보를 들고 나애심이 노래를 불렀는데, 이 노래가 바로 '세월이 가면'이다. 한 시간쯤 지나 송지영과 나애심이 자리를 뜨고, 테너 임만섭과 '명동백작'이라는 별명의 소설가 이봉구가 새로 합석했다. 임만섭은 악보를 받아들고 우렁찬 성량으로 노래를 불렀다. 그 노랫소리를 듣고 명동거리를 지나던 행인들이 술집 문 앞으로 몰려들었다.

박인환의 '세월이 가면'은 순식간에 명동에 퍼졌다. 그들은 이 노래를 '명동 엘리지' 또는 '명동 샹송'이라고 불렀다.

배우 겸 가수
나애심이 처음 녹음

'세월이 가면'의 첫 번째 음반 녹음 가수가 누구인지를 놓고 그 동안 논란이 많았다. 확실한 실물 자료가 공개되지 않았기 때문이다.

유행가는 역사다

명동 '경상도집'에서 처음 노래가 만들어질 당시에 가수 나애심과 테너 임만섭이 즉석에서 불렀다는 기록에 따라 나애심이 처음 녹음을 했다는 설이 있고, '신라의 달밤'으로 유명한 가수 현인이 처음 음반을 발표했다는 설도 있었다. 또 1960년대에 데뷔한 가수 최양숙이 최초 녹음 가수라는 아무 근거 없는 주장도 인터넷상에서 종종 찾아볼 수 있었다.

현인의 경우 1959년에 '세월은 가고'라는 제목으로 발표한 유성기 음반이 실제 확인되므로, 지금까지는 현인 최초 녹음설이 가장 유력한 것으로 인정되어 왔다. 그러나 최근 그보다 시기가 훨씬 앞서는 나애심 녹음 유성기 음반이 발견되면서 그간의 논란에 마침표를 찍게 되었다.

나애심의 유성기 음반은 신신레코드에서 발매된 것으로 음반 일련번호가 S438인데, 같은 음반사에서 발매한 S447 '마닐라 무역선', S448 '삼국지' 같은 노래가 1956년 9월 이미 발표되어 있었으므로, '세월이 가면'의 발표 시점은 그 이전으로 추측된다.

또 1956년 4월 중순에 간행된 주간지 기사에 "여배우이며 가수인 나애심 양이 자진 부르고 싶다고 해서 그 후 나 양의 오빠인 작곡가 전오승 씨의 편곡지휘로 서울방송국을 통해서 방송하는 동시에 레코드에 취입하게 되었다고 한다"는 대목이 나오기도 하므로, 최근에 발견된 나애심의 음반은 대략 1956년 5월 전후에 제작되었을 가능성이 높다.

이국적인 외모와 허스키한 목소리의 나애심은 '과거를 묻지 마세요', '미사의 종' 등을 히트시키며 대중들의 큰 사랑을 받았다. 영화배우로도 활동한 나애심은 '백치 아다다', '돌아오지 않는 해병' 등 100여 편의 영화에 출연해 개성 있는 연기를 뽐냈다. 나애심은 1990년대 '디디디(DDD)'를 부른 가수 김혜림의 어머니이기도 하다.

'세월이 가면'은 나애심의 첫 번째 음반 이후 여러 가수들이 각자의 스타일로 거듭 녹음해 발표했다. 1959년 현인 곡 외에 1968년 현미 곡, 1971년 박미성 곡, 1972년 조용필 곡, 1976년 박인희 곡 등이 잘 알려져 있는 경우이다.

하지만 1956년 창작 당시의 가사 원형에 가장 가까운 것은 역시 나애심의 녹음이다. 다른 곡들은 일단 제목부터 '세월은 가고', '세월은 가도' 등으로 원작과 차이를 보이기도 하고, 원작 가사 일부를 통째 들어내기도 했다. 반면 나애심의 곡은 조사 한 군데를 제외하고는 박인환의 가사와 거의 일치한다.

다만, 편곡으로 보아서는 나애심 녹음도 작곡자 이진섭의 원 곡조와 상당한 차이를 보이고 있다. 1956년 6월 월간지에 실린 '세월이 가면'의 최초 악보는 6/8박자로 되어 있으나, 나애심의 노래는 4/4박자로 되어 있다. 기본적인 선율은 유사하지만 음표에 가사를 붙이는 방식이 훨씬 복잡하게 되어 있어, 원 악보와는 꽤 다른 느낌을 준다.

반면 현인 이후로 녹음된 곡들은 대개 3박자 계열로 편곡이 되었고, 현재 대중적으로 가장 널리 알려져 있는 박인희 곡도 그렇게 녹음이 되었다. 한때 비슷한 이름 때문인지 가수 박인희가 박인환의 여

동생이라고 알려지기도 했지만 이는 사실이 아니다.

시인 박인환,
쓸쓸했던 낭만과 멋

시인 박인환은 1926년 강원도 인제에서 태어났다. 부친 박광선은 중등교육을 마친 사람으로 면사무소에 다니고 있었는데, 토지도 어느 정도 소유한 시골에서는 비교적 부유한 편이었다.

인제공립보통학교에 입학한 박인환은 머리가 좋고 똑똑했다. 부친은 아들 교육을 위해 면사무소를 그만두고 서울로 생활터전을 옮기며 산판업(나무를 베어다 파는 사업)을 시작한다. 가족들이 인제에서 서울 종로구 원서동 언덕배기로 이사를 하고, 그는 덕수공립보통학교 4학년에 편입한다.

박인환은 경기공립중학교로 진학하는데, 이 무렵 영화와 문학의 세계로 빠져들어 공부 대신 일어로 번역된 세계문학전집과 일본 상징파 시인들의 시집을 열독하느라 밤을 새우기 일쑤였다. 결국 교칙을 어기며 영화관을 출입한 것이 문제가 되어 퇴학처리 된 그는 한성학교 야간부를 거쳐 황해도 재령의 명신중학교를 졸업한다.

이 해에 부친의 강요로 3년제 관립학교인 평양의전에 진학하지만, 동급생이었던 첫 사랑 애인의 죽음 앞에 좌절하여 그녀의 유해를 안고 서울로 내려와 종로3가 낙원동 입구에 '마리서사(茉莉書肆)'라는

서점을 연다. 서점 이름은 일본 현대 시인 안자이 후유에의 시집 '군함마리(軍艦茉莉)'에서 따왔다는 설과 프랑스의 화가이자 시인인 '마리 로랑생'의 이름에서 땄다는 설로 나뉜다.

1947년 서울 종로3가 낙원동 입구에 문을 연 서점 '마리서사' 앞에서 임호권 씨와 포즈를 취한 박인환 시인(오른쪽)

그는 서점 '마리서사'를 경영하면서 김광균, 김수영, 오장환 등 여러 시인들과 사귀었고, 문학에 눈을 떴다.

1948년 서점 경영을 그만두면서 이정숙과 결혼한 후 광화문(지금의 교보빌딩 옆)에서 살았다. 그 해에는 자유신문사에서, 이듬해에는 경향신문사에서 기자 생활을 했다. 그는 1950년 6·25전쟁이 일어나자 피란을 가지 못해 9·28 수복 때까지 서울에서 숨어 지내다가 12월 가족과 함께 대구로 피란 가서 육군 소속 종군작가단에 참여하여 종군기자로 활동했다.

1952년 대한해운공사에 취직했고, 이듬해 7월에 서울 광화문 옛집으로 다시 돌아왔다. 1955년 대한해운공사의 일 관계로 '남해호' 사무장의 임무를 띠고 미국을 다녀오기도 했다.

그가 문단에 처음 등장한 것은 1946년. 국제신보에 시 '거리'를 발표하면서다. 21살 때였다. 그 후 '남풍', '지하실' 등을 발표하고, 1949년 김수영, 김경린, 양병식 등과 '새로운 도시와 시민들의 합창'이라는 합동 시집을 펴냈다.

모더니즘 시를 지향했던 '후반기' 동인으로 활동하면서 시 '검은 강', '살아 있는 것이 있다면', '목마와 숙녀' 등을 발표했다. 이들 시는 해방 직후의 혼란과 6·25전쟁의 황폐함을 목도한 그가 도시문명의 불안과 시대의 고뇌를 감성적 시풍으로 뽑아낸 결과물들이다.

박인환은 훤칠한 키에 영화배우처럼 잘 생긴 용모였다. 그는 몹시 쪼들리는 생활 속에서도 일류 양복점의 라벨이 붙은 외제 싱글에 버버리 코트를 걸치고, 붉은 넥타이에 커피색 양말, 검정 박쥐우산을 들고 다녔다.

그는 즐겨 마시는 술도 계절마다 달랐다. 봄에는 진피즈, 가을에는 하이볼, 겨울에는 조니워커를 가려 마셨다. 그런가 하면 즐겨 찾는 '명동살롱'에서는 샹송을 즐겨 불렀다. 그는 월급의 대부분을 옷을 장만하는 데 썼다. 계절에 따라 코트와 양복을 바꾸고 영국 신사처럼 멋을 내며 명동을 돌아다니던 사람이 박인환이었다.

박인환 시인

멋쟁이 차림으로 명동을 누볐기에 박인환에게 '댄디보이', '명동신사'라는 이름이 늘 따라다녔다.

'명동신사'
박인환의 갑작스런 죽음

　　　　　　　박인환은 '경상도집'에서의 일이 있은 일주일 후, 서른의 나이에 심장마비로 세상을 떠난다. 세상을 떠나기 3일 전인 3월 17일에 '날개'를 쓴 천재 시인 이상(李箱) 추모의 밤이 있었는데, 이날부터 매일 술을 마셨다. 그는 이상을 유난히 좋아했다. 당시 경제적으로 매우 쪼들렸던 그는 끼니를 거르기도 했는데, 그런 상태에서 빈속에 계속 술을 마신 것이 화근이 됐다.

　박인환이 죽던 날, 문인들은 그의 시신 둘레에 빙 둘러앉았다. 누군가가 박인환이 좋아했던 조니워커 양주병을 꺼내 죽은 박인환의 입에 넣어주고, 자신도 마셨다. 한 사람씩 돌아가며 박인환의 입에 술을 부어주고 자신도 술을 마시며 슬퍼했다.

　많은 문우들과 명동의 친구들이 모인 그의 장례식 날, 모윤숙이 시 낭독을 하고 조병화가 조시(弔詩)를 읽는 가운데 많은 추억담과 오열이 식장을 가득 메웠다.

> "너는 누구보다도 멋있게 살고 멋있는 시를 쓰고 언제나 어린애와 같은 흥분 속에서 인생을 지내왔다. 인환이, 네가 없는 명동, 네가 없는 서울, 서울의 밤거리, 네가 없는 술집, 찻집, 영화관, 참으로 너는 정들다만 애인처럼 소리 없이 가는구나…"

절친이었던 시인 조병화가 눈물과 함께 낭송한 조시처럼 그는 '정들다만 애인처럼 소리 없이' 사랑하는 이들의 곁을 떠났다.

망우리 묘지로 가는 그의 관 뒤에는 수많은 친구들과 선배들이 따랐다. 그의 무덤가에 생시에 박인환이 그렇게도 좋아했던 조니워커 한 병이 뿌려졌고 관 위에는 수십 갑의 카멜 담배가 던져졌다. 박인환은 이렇게 '목마(木馬)'를 타고 하늘로 떠났다.

최불암 모친이 운영했던
'은성'의 추억

1950~60년대 명동은 예술인들을 위한 하나의 해방구였고, 그들만의 놀이터였다. 해방 직후의 좌우 대립, 분단과 6·25전쟁 등 엄청난 시련을 겪은 문인과 화가들은 이곳에서 그들의 예술혼을 불태웠다.

'명동백작'이란 별명을 가진 소설가 이봉구는 "화가 박서보·이중섭, 시인 김수영·박인환 등과 함께 전쟁으로 인한 상실감을 인내하면서 명동에 모여 예술을 논하고 인생을 노래했다"고 생전에 이야기한 바 있다.

특히 시인 김수영은 포로수용소에서 풀려난 후 아내를 잃으면서 전쟁에 대한 환멸을 시로 풀어냈고, 도화지 살 돈이 없던 화가 이중섭은 담배 은박지에 그림을 그렸다. 명함에 '대한민국 김관식'이라고 당당하게 써 붙이고 다녔던 시인 김관식은 술에 취하면 서정주, 김동인과 같은 대문호들을 서 군, 김 군이라 부르면서 비틀거리며 거리를 활보했다.

당시 빈대떡집으로 유명한 '송림'과 '송도'에는 아나운서 유창경과 소설가 정인영 등이 출입했고, '쌍과부집'에는 천상병, 찻집 '송원'에는 공초 오상순과 사극작가 신봉승 등이 담배를 무척이나 즐기며 명동의 낭만을 만끽했다.

음악감상실 '돌체', '엠프레스'에는 화가 김청관, 박서보, 문우식, 최기원 등이 즐겨

1950년대 '명동시대'를 함께한 예술인들. 왼쪽부터 소설가 이봉구, 시인 조병화, 화가 천경자

찾았고, 특히 KBS 명화극장의 해설가로 유명했던 조선일보 문화부장 정영일도 그중 한 명이었다고 한다.

탤런트 최불암의 어머니 이명숙이 운영했던 '은성'에도 이봉구, 박인환, 박봉우, 전혜린, 문일영, 김하중, 이문환 등 수많은 예술인들이 제집처럼 드나들었다. 최불암은 단골이었던 당대 예술인들과의 대화에 끼기에는 아직 어렸지만, 이러한 분위기가 배우의 길을 걷는 데 크게 영향을 끼쳤음은 틀림없다.

최불암의 모친은 '은성'을 찾아오는 문인들에게 외상을 많이 받았다. "달아 놓으세요" 한 마디면 거래가 성사되던 시절이었다. 그러나 그 외상장부에 적힌 이름은 실제 이름이 아니라 별명 또는 별칭이 많았다. 외상장부에 실제 이름을 적어놓으면 혹시라도 그들의 자존심에 상처를 입히지 않을까 걱정해서였다.

유행가는 역사다

최불암은 모친 별세 후 사과 궤짝 가득한 외상장부가 있었지만 장부에 있는 사람이 누구인지 정확히 몰라 외상값을 제대로 받지 못했다고 한다.

명동,
낭만이 사라지다

　　　　　　　　1970년대에 들어와서는 또 다른 명동파들이 생겨난다. 1950~60년대의 명동파들이 전쟁의 슬픔을 토로하고 울부짖었다면 70년대는 자유를 갈망하는 젊은이들이 이곳을 찾게 된다.

그들은 장발과 고고음악, 청바지 등으로 기성세대에 반항했다. 70년대 충무로의 '벤허다방', 을지로의 '타임' 그리고 명동의 고전음악감상실 '르네상스', '하늘소다방', 경양식집 '숲속의 빈터', 방송인 강석과 김병조가 DJ를 보던 '꽃다방', 그리고 이종환의 '쉘부르 살롱' 등 명동을 중심으로 생긴 그들만의 놀이터에서 노래하고 춤추면서 억압에 대해 반항하고 저항했다.

이제 '그때의 명동'은 없다. 낭만이 사라진 명동엔 화장품 가게와 중국인 관광객들만 넘쳐난다. 낭만이 사라진 곳이 어디 명동뿐이랴.

'비 내리는 호남선' 앨범 표지

비 내리는 호남선 (신익희 급서)

목이 메인 이별가를 불러야 옳으냐
돌아서서 피눈물을 흘려야 옳으냐
사랑이란 이런가요 비 나리는 호남선에
헤어지던 그 인사가 야속도 하더란다

다시 못 올 그 날짜를 믿어야 옳으냐
속을 줄을 알면서도 속아야 옳으냐
죄도 많은 청춘이냐 비 나리는 호남선에
떠나가는 열차마다 원수와 같더란다

9

해공 추모곡이 된
'목이 메인 이별가'

"못살겠다 갈아보자"

우리나라 선거 역사상 가장 히트한 선거구호다. 이처럼 유권자의 귀에 착 달라붙는 선거구호가 있었을까. 민주당이 내 건 '못살겠다 갈아보자' 구호는 국민들의 가슴 저 깊은 곳 체증을 훑어주는 소화제 같은 것이었다.

1956년 대통령 선거, 민주당의 이 구호에 맞서 자유당은 '구관이 명관이다'를 내세웠다. 하지만 민심은 이미 신익희를 향해 있었다. 30만 명의 군중이 모인 한강 백사장 유세의 엄청난 열기가 이를 방증하지 않았던가.

그러나 호남 유세를 떠난 신익희는 '비 내리는 호남선'에서 급서(急

逝)하고 만다. 세상이 발칵 뒤집혔다.

"이건 분명 자유당의 소행이다!"

흥분한 일부 국민들은 이승만 정권에 의한 독살이 아니냐는 짙은 의혹을 품었다. 의심은 꼬리에 꼬리를 물고 확산됐다.

5월 5일 오후 4시경.

신익희의 유해가 서울역에 도착했다. 비는 억수같이 쏟아졌다. 대학생들을 중심으로 한 시민들은 유해를 밀며 경무대(지금의 청와대)로 향했다. 기마경찰대가 시위대를 제지하려 했지만 성난 군중들을 막지는 못했다. 경무대 앞에서 "이승만은 물러가라", "못살겠다 갈아보자" 등의 구호가 울려 퍼졌다. 급기야 경찰의 발포로 10여 명의 사상자가 났고 700여 명의 학생과 시민이 체포됐다.

그런다고 떠난 사람이 돌아올 수는 없는 법. 국민들은 애통한 마음을 대중가요 '비 내리는 호남선'에 담아 노래했다.

'비 내리는 호남선'이 신익희의 추모곡이 된 것이다. 당국은 긴장했다. 작사가 손로원은 물론 작곡가 박춘석, 가수 손인호까지 줄줄이 조사를 받는 곤욕을 치렀다. 실제 가사를 쓴 사람이 신익희의 미망인이 아니냐는 추궁을 받은 것이다. 그러나 이 노래가 신익희 타계 1년 전에 이미 발표됐다는 물적 증거가 제시되면서 이들은 풀려나게 된다.

이후 이 노래는 제2의 '목포의 눈물'이 됐고, 1982년에는 후속타로 김수희의 '남행열차'를 낳는다.

'못 살겠다 갈아보자' vs
'구관이 명관이다'

　　　　　상하이 임정 내무부장 출신으로 건국 후 국
회의장을 지낸 신익희는 1956년 3월 민주당의 대통령 후보로 선출된
다. 부통령 후보에는 장면이 뽑혔다. 그리고 민주당 창당에서 배제된
또 다른 야당 진보당에서는 조봉암과 박기출이 각각 정·부통령 후보
로 선출된다. 이로써 대통령 선거는 이승만-신익희-조봉암의 경쟁구
도로, 부통령 선거는 이기붕-장면-박기출의 대결로 압축되었다.

　신익희와 장면은 유세를 통해 이승만 정권의 실정과 비리를 가차
없이 비판하면서 국민들의 지지를 모아 나간다. 또 당내 인사 가운데
연설력이 뛰어난 박순천·조재천 등이 총동원된 유세반이 서울 한복
판에서부터 시골 장터에 이르기까지 "못살겠다 갈아자"며 열변을
토하면서 민주당의 인기는 하늘 높은 줄 모르고 치솟는다.

　이러한 신익희와 장면의
인기에 자유당은 당황한다.
이승만과 이기붕을 정·부통
령 후보로 내세운 자유당은
민주당의 '못살겠다 갈아보
자'라는 선거구호에 맞서 '갈
아봤자 별수 없다'는 구호를
내세웠지만 국민들의 반응

1919년 촬영된 대한민국 임시정부 국무원 기념사진. 앞
줄 왼쪽부터 신익희, 안창호, 현순. 뒷줄 왼쪽부터 김철,
윤현진, 최창식, 이춘숙

1956년 대통령 선거 당시 대통령 후보 신익희와 부통령 후보 장면의 사진을 달고 가두방송을 하고 있는 민주당 유세차량

은 차가웠다. 특히 농촌과 달리 도시지역에서는 압도적으로 민주당이 우세했다.

이에 자유당의 비방전이 시작된다. '신익희 후보에게는 첩이 12명이나 된다. 현재의 부인도 세 번째 아내다'라는 소문을 퍼뜨린다. 또 중공(中共)의 인민폐를 동봉한 불온 편지를 보내 용공분자로 몰아붙이는 공작을 시도하기도 한다. 그러나 이미 국민적 신뢰를 상실한 자유당의 이러한 비방이 설득력을 발휘할 수는 없었다.

유세장에 나온 국민들은 금반지까지 민주당에 내놓았다. 신익희에게 민심이 쏠리자 일부 공무원의 민주당 지지 약속도 곳곳에서 줄을 잇는다. 특히 이승만의 수족인 경찰 간부들의 은밀한 지지도 눈에 띄었다. 신익희, 조병옥, 박순천 등 지도부와 함께 전국 유세를 함께 다닌 당시 초선의원 김영삼의 회고다.

"밀양에서의 유세를 끝내고 저녁식사를 마쳤을 때는 밤이 깊어 있었다. 나는 피로 때문에 곧바로 깊은 잠에 빠졌다. 얼마쯤 잤는지 알 수 없었다. 누군가가 조심스럽게 창호지를 바른 문을 노크했다. 누구냐고 했더니 '경찰서장입니다' 하는 것이었다. 한밤중에 무슨 일이냐고 했더니 '인사도 드리고 긴히 드릴 얘기가 있다'는 것이었다.

방에 들어온 그는 직위와 성명을 밝혔다. 상부의 지시로 민주당에 대한 방해와 자유당 조직 지원 등 선거에 간여는 하지만, 마음으로는 민주당을 지지한다는 얘기였다. "해공 선생님께 인사를 드려야겠지만, 낮에는 사람들의 눈 때문에 찾아뵐 수 없습니다"라고 하면서, 그런 자기의 속마음과 인사를 대신 전해 달라고도 했다.

서장의 방문을 받은 나는 오랫동안 잠을 이루지 못했다. 현직 경찰서장이 주위의 눈을 피해 몰래 담을 넘어 야당의 유세반을 찾아온 용기에 감동을 받았다."

승리가 눈앞에 다가오고 있었다. 그러나 민주당은 승리를 굳히기 위해 야당 후보 단일화가 필요했다. 신익희는 선거를 20일 남겨 놓은 4월 25일 진보당 후보 조봉암과 단일화 원칙에 합의한다. 하지만 조봉암이 자신의 대통령 후보 사퇴 조건으로 장면의 부통령 후보 사퇴를 주장해 후보 단일화는 무산되고 만다.

한강 백사장 유세
'인산인해'

신익희의 유세현장은 사람들로 '인산인해'를 이루었다. 서울 수송국민학교 유세에 3만 여 명이 참여한 데 이어, 대구 수성천 강연회에는 20만 명에 가까운 인파가 자리를 가득 메웠다. 그의 연설은 청중들을 감격시켰고 눈물을 흘리게 만들었다.

신익희의 유세는 5월 3일 30만 인파가 모인 서울 한강 백사장 유세로 절정에 달한다. 아침부터 서서히 모이기 시작한 인파는 정오가 조금 지나면서 한강 백사장을 가득 메운다. 백사장에 못 들어간 사람들은 연설이 제대로 들리지도 않는 한강 인도교 건너편의 흑석동 산마루를 뒤덮었다.

남대문에서 한강으로 향하는 길은 교통이 완전 마비되었다. 경찰은 안간힘을 다해 유세장으로 가는 인파를 막으려고 애썼다. 오후 1시 노량진행 전차를 일제히 운행 정지시키고 버스 운행까지 막았지만, 끝없이 밀려드는 민주주의의 거대한 물결을 막을 수는 없었다.

이윽고 오후 2시가 되자, 신익희의 사자후(獅子吼)가 한강 백사장을 뒤흔든다. 다음은 연설의 일부다.

"여러분!

이 한강 백사장에 가득히 모여 주신 친애하는 서울시민 동포, 동지 여러분!

대통령이라고 하늘에서 떨어진 것이 아니고, 땅에서 솟아난 것이 아니요. 그러므로 일 잘못하면 주인 되는 우리 국민들이 반드시 이야기하고, 반드시 나무라고, 반드시 갈자는 이야기가 나온다 이 말입니다. 주인 되는 사람이 심부름하는 사람 청해 놓았다가 잘못하면 '여보게 이 사람, 자네 일 잘못하니 가소' 하는 것이 당연한 게 아니겠습니까?

요새 무슨 표어를 보면 '모시고' '받들고' 뭐고 뭐고 여러 가지 이야기가 있습니다만은 다 봉건잔재의 소리입니다. 모시기는 무슨 할아버지를 모십니까? 받들기는 뭐 상전을 받듭니까? 이러므로 만일 주인 되는 국민들이 언제나 '당신 일 잘못했으니 그만 가소' 그러면 두 마디가 없는 것입니다. '대단히 미안합니다. 나는 일 잘못했으니 물러가겠습니다' 하고 가야 합니다."

한강 백사장에서 선거 연설을 마치고 효자동 자택으로 돌아온 신익희는 연설 도중 군중이 보인 엄청난 열기에 좀처럼 흥분이 가라앉지 않았다. 그것은 자신의 승리일 뿐 아니라 민주주의의 승리가 다가오고 있다고 생각했기 때문이다.

그러나 환갑이 넘은 그의 얼굴엔 피로한 기색이 역력했다. 집으로 돌아온 그가 방으로 들어갈 땐 비서 유치송의 부축을 받아야 할 정도였다. 벌써 한 달 가까이나 유세를 강행한 상태라 거의 탈진 상태였다.

정권 교체,
이루지 못한 꿈

주변에서는 당분간 지방유세를 중지해야 되지 않느냐는 의견이 제시됐다. 그러나 민주당 최고위원회의에서는 신익희의 호남 유세를 결정한다. 한강 백사장 유세의 열기를 곧바로 지방으로 확산시킬 수 있는 기회인데, 지금에 와서 공세를 늦춘다는 것은 안 될 말이라는 것이다.

신익희는 측근들의 강력한 반대에도 불구하고 당의 결정대로 호남 유세에 나선다. 신익희가 장면과 함께 중앙당사를 떠나 서울역으로 향한 것은 5월 4일 밤 9시 경이었다. 그들이 서울역에 들어섰을 때 역장이 마중을 나와 일행을 안내했다. 그리고 후속 유세반이 도착할 때까지 역장의 차 대접을 받으며 잠시 휴식을 취한다.

이윽고 10시. 여수행 55열차는 신익희와 장면 일행을 태우고 서울역 플랫폼을 빠져 나간다. 조병옥 등 당 간부들이 신익희 일행을 전송했다. 열차에 몸을 실은 신익희와 장면은 침대칸에 자리를 잡는다. 새벽 도착 때까지라도 눈을 좀 붙이기 위해서였다. 1등차 7번 하단 침대에는 신익희가, 상단 침대에는 장면이 자리를 펴고 누웠다. 그들은 곧 잠에 빠졌다. 언제부터인지 차창에 밤비가 흩뿌리고 있었다.

새벽 5시 25분. 열차는 함열역을 달리고 있었다. 잠을 깬 신익희는 침대에 걸터앉아 넥타이를 매고 있었다. 그 순간 신익희가 갑자기 고개를 떨어뜨린다. 그리고는 전신이 마비된 사람처럼 힘없이 옆으로 쓰러진다. 신익희가 쓰러진 순간, 비서 신창현이 그의 손을 들어 맥을 짚어 보았으나 이미 심장의 고동소리가 가늘어지고 있었다.

"열차의 속도를 더 내라고 해! 빨리 이리역으로 가야 해" 누군가 소리치자 수행원 한 사람이 기관실로 달려간다. 신익희의 위독을 알리자 열차는 이리역을 향해 속도를 높인다. 열차가 이리역에 도착한 시간은 5시 50분. 환하게 동이 트기 시작할 시간이었다.

완전히 혼수상태에 빠진 신익희는 이리역에서 가장 가까운 호남병원의 응급실로 옮겨진다. 청진기를 쥔 의사의 손이 가늘게 떨렸다.

"심장마비 같습니다, 너무 늦었습니다"

옆에 서있던 장면은 눈을 스르르 감았다. 아침 6시. 응급실 창밖에는 보슬비가 내리고 있었다.

쏟아진 185만 표의
추모표

민주당 대통령 후보 신익희의 갑작스런 타계로 야당으로의 평화적 정권교체는 물거품이 되고 말았다.

5월 12일 대통령 선거 개표 결과 자유당 이승만이 504만 6,437표를 얻어 216만 3,808표를 얻은 진보당 조봉암을 누르고 3선에 성공한다. 하지만 신익희에 대한 추모표가 대부분인 무효표도 185만 6,818표나 쏟아진다. 서울에서는 자유당 이승만의 득표율이 29.9%밖에 되지 않아 40.4%가 나온 무효표에도 한참 못 미쳤으니, 죽은 제갈공명이 산 사마중달을 이긴 셈이었다.

한편 짝 잃은 민주당 부통령 후보 장면은 이 선거에서 401만 2,654표(41.7%)를 획득해 380만 5,502표(39.6%)를 얻은 자유당의 이기붕을 꺾고 당선된다.

선거가 끝난 뒤 신익희의 장례는 국민장(國民葬)으로 모셔졌다.

'산장의 여인' 앨범 표지

산장의 여인 (결핵왕국 한국)

아무도 날 찾는 이 없는 외로운 이 산장에
단풍잎만 채곡채곡 떨어져 쌓여있네
세상에 버림받고 사랑마저 물리친 몸
병들어 쓰라린 가슴을 부여안고
나 홀로 재생의 길 찾으며
외로이 살아가네

아무도 날 찾는 이 없는 외로운 이 산장에
풀벌레만 애처러이 밤새워 울고 있네
행운의 별을 보고 속삭이던 지난날의
추억을 더듬어 적막한 이 한밤에
임 뵈올 그날을 생각하며
쓸쓸히 살아가네

10

외로운 이 산장에 쓸쓸히 살아가네

'산장의 여인'에는 가수이자 작사가인 반야월이 공연 도중 만난 한 여인의 가슴 아픈 사연이 담겨 있다.

반야월은 6·25전쟁 당시 고향인 마산으로 피난을 갔다. 그는 마산방송국 문예부장으로 일하며 서울의 가요인들을 모아 '방송국 위문단'을 만들어 활동하다가 국립 마산결핵요양소로 위문 공연을 갔다. 반야월은 무대에 올라 요양소의 환자와 의사, 직원들 앞에서 대표곡인 '불효자는 웁니다'를 열창하고 있었다.

무대에서 열심히 노래를 부르던 그의 눈길이 어느 순간 관중석 맨 뒤쪽에서 멈췄다. 아름다운 얼굴에 창백한 그림자를 드리운 젊은 여인이 노래를 들으면서 계속해서 흐느끼고 있었던 것이다.

후에 반야월은 회고록 '나의 삶, 나의 노래'에서 "그 여인을 보는 순간 아련한 쓰라림 같은 게 가슴에 와 닿았다"고 말하기도 했다. 그 때의 인상이 머릿속에 강렬하게 남아있던 반야월은 요양소 직원에게 그 여인이 울고 있었던 이유를 물었다. 그의 짐작대로 여인은 사랑에 상처를 입고 결핵에 걸려 소나무 숲 우거진 산장병동에서 요양 중이었다. 폐결핵을 다른 사람에게 옮기지 않도록 격리치료를 받고 있다는 것이었다.

　이 얘기를 들은 반야월은 태평레코드사에서 같이 일했던 작곡가 이재호도 폐결핵을 앓고 있다는 생각을 했다. 반야월은 바로 노랫말을 만들어 이재호에게 곡을 붙여달라고 요청했다. 가사를 받은 이재호는 동병상련의 마음으로 곡을 완성했다.

　이렇게 만들어진 노래가 가수 권혜경에게 전해졌고, 음반으로 제작되어 널리 사랑받게 된 '산장의 여인'이다.

'산장의 여인'처럼 살다간 가수 권혜경

　　　　삼척에서 태어났지만 세무공무원이었던 아버지를 따라 의정부에 정착한 권혜경은 서울 동구여상을 졸업했다. 서울대 음대 성악과를 졸업했다거나 중퇴했다는 기록들이 있으나 확인이 되지는 않는다. 조흥은행을 다니다 1956년 서울중앙방송국(현 KBS)에서 모집한 신인가수 오디션에 합격해 전속가수가 되었다. '사랑이 메아리칠 때'를 부른 안다성이 이때의 입사 동기생이다.

1957년 데뷔곡 '산장의 여인'으로 일약 스타가 된 그녀는 불과 2년 뒤 28세의 젊은 나이에 심장판막증에 걸리고 이후 후두암까지 얻었다. 그 와중에도 KBS 라디오 드라마 '호반에서 그들은'의 주제가인 '호반의 벤치', 1959년에 개봉된 신상옥 감독의 영화 주제가인 '동심초', 작곡가 박춘석과 손잡고 발표한 '물새 우는 해변' 등을 히트시키며 병마와 사투를 벌였다. 그러나 병은 재발을 거듭했다.

유년 시절, 대문을 세 번이나 열어야만 집안으로 들어갈 수 있는 부유한 가정에서 자라고 좋은 직장을 다니며 부러울 것 없던 그에게도 가혹한 '운명'의 벽은 높았다. '산장의 여인' 작사가 반야월을 찾아가 "선생님은 하필 왜 내게 슬픈 노래를 주어 이렇게 힘들고 외로운 인생을 살게 했느냐"며 심경 토로를 했다는 일화가 있을 정도다.

그녀의 노래 '산장의 여인'의 끝부분 한 구절처럼 홀로 '재생의 길'을 걷겠다는 의지로 종교에 귀의하기도 했다. 본래 수녀가 되고 싶어 했던 그녀는 절에서 목숨을 건진 후 불자가 된다. 가톨릭에서 불교로 개종하면서 도선사의 청담 스님으로부터 하루 5000배씩 절을 하라는 권유를 받고 힘든 고행을 자처하기도 했다.

평생을 독신으로 지낸 권혜경은 남은 인생 모두를 '덤으로 사는 인생'이라 스스로 위로하며 어려운 이웃들을 위한 봉사활동으로 대부분의 시간을 보냈다.

50여 년 간 전국 교도소와 소년원을 돌며 사형수, 무기수, 10대 범죄자 등 재소자들을 격려한 그녀는 수인들 사이에서 '어머니'라는 칭호를 얻었다. 교도소 위문공연과 강연만도 4백여 차례에 이른다. 이러한 공로로 권혜경은 인권

1966년 베트남전 파병 위문 연예인단. 왼쪽부터 코미디언 서영춘, 가수 권혜경, 작곡가 박시춘, 가수 박재란·한명숙·현인

옹호 유공 표창을 비롯해 500여 차례 표창을 받았다.

노래 가사처럼 권혜경의 삶은 외롭고 쓸쓸했다. 권혜경 외에도 '가사의 굴레'가 시련이 됐던 가수는 많았다. '낙엽 따라 가버린 사랑'의 차중락은 낙엽이 지는 11월에 32살 젊은 나이로 생을 마감했고, 'O시의 이별'을 부른 배호는 안타깝게 29살에 세상과 이별했다. 애절한 선율의 '내 곁을 떠나가던 날 가슴에 품었던 분홍빛의 수많은 추억들이 푸르게 바래졌소'(사랑하기 때문에)라고 노래했던 천재 음악가 유재하는 불과 25살에 교통사고로 유명을 달리했다. 이 밖에도 돌연사한 가수 김성재는 '마지막 노래를 들어줘'를 남겼고 '하늘에 편지를 써'(내 눈물 모아)를 부른 서지원은 20살 나이에 하늘 여행을 떠났다.

반면 밝은 노래로 인생을 바꾼 가수들도 있었다. '쨍하고 해 뜰 날'의 송대관은 문자 그대로 '쨍하고 해 뜬' 삶을 맞았다. 쥬얼리도 '슈퍼스타'를 부르며 그해 최고의 슈퍼스타로 등극했다. '바다가 육지라면'을 부른 조미미는 35세까지 결혼이 늦어졌는데, 재일교포가 바다를 건너와 결혼이 성사되었다.

이와 같이 '가수는 노래따라 간다'는 속설이 있지만, 따져보면 일치하지 않은 경우가 더 많을 것이다.

'결핵 치료의 메카' 마산

한때 대한민국은 '결핵왕국'이라는 불명예스러운 별명을 가졌다. 대부분 폐결핵이었다. 결핵은 가난에 의한 비위생적인 생활습관이 주요 원인으로 선진국과 후진국을 구별 짓는 기준 중 하나였다.

변변한 치료약조차 없었던 시절, 폐결핵에는 맑은 공기가 최고였다. 때문에 물 좋고 공기 좋기로 유명한 가포 등지의 마산에 결핵 환자를 위한 시설들이 많이 만들어졌다. 특히 가포에는 일제 강점기부터 좋은 기후 조건과 천혜의 자연 환경을 살려 1941년에 결핵요양소가 세워졌다. 해방이 되자 신마산에서 의사로 활동하던 제길윤 박사가 마산시 의사회장 위임으로 일본인 요양소장으로부터 시설과 인원을 접수하고 운영 책임을 맡았다.

당시 병원에 근무하던 한국인 직원들은 자치위원회를 조직하여 신축 병동 재건에 최선을 다했다. 이러한 노력의 결과로 상이군인 요양소 건물을 보수하고 일부 건물을 신축하여 1946년 6월 1일 200병상 규모의 '국립 마산결핵요양소'가 개설되었다.

요양소가 위치한 곳은 나지막한 부용산 자락 일대로 삼면이 울창한 송림으로 싸여 있고 동쪽으로는 호수와 같이 잔잔한 바다가 위치해 있다. 따뜻한 기후, 맑은 공기, 깨끗한 물, 울창한 숲이 있는 이곳에서 조금 떨어진 곳에는 가포 유원지도 있어 연인들의 발길이 끊이지 않는다.

이후 마산 지역에는 결핵 환자를 위한 시설들이 줄줄이 들어선다.

6·25전쟁 시기에 절정을 이루었는데 도립 마산병원, 마산 교통요양원 외에 국립 신생결핵요양원, 결핵 전문 제36 육군병원, 공군 결핵요양소, 진해 해군병원 결핵병동 등이 그것이며, 결핵을 전문으로 진료하는 개인 병원도 많이 설립되었다.

결핵요양소에서
꽃핀 사랑

결핵은 '글쟁이들의 직업병'이라고 불릴 만큼 많은 문인들이 결핵으로 고생했다. 마산에도 결핵 때문에 많은 문인들이 거쳐 갔고 글 자취뿐만 아니라 많은 이야기를 남기기도 했다. 일제 강점기에 요양하러 마산에 왔던 문인은 나도향, 임화, 지하련 등이었고, 해방 후에는 권환, 이영도, 김상옥, 구상, 김지하 등이 요양소에서 치료를 받았다. 임화와 지하련은 요양소에서 사랑을 꽃피웠다. 지하련은 임화를 온갖 정성으로 간병했고, 임화는 지하련의 애틋한 사랑에 감화되어 결혼까지 했다.

재야 정치인이었던 계훈제, 영화인 최백산 등도 한때 마산 요양원

에 머물렀다. 또한 함석헌, 김춘수, 서정주 등 유명 문인들이 결핵을
매개로 마산을 다녀갔다.

나도향은 가난과 방랑으로 떠돌다 1925년 요양 차 마산에 와서 3
개월 동안 노산 이은상의 집에서 식객 노릇을 하며 염상섭에게 보내
는 편지 형식의 단편 소설 '피 묻은 편지 몇 쪽'을 남겼다. 그 해는 '물
레방아', '뽕', '벙어리 삼룡이'를 발표한 나도향 소설의 절정기였다. 다
음 해 그는 스물넷의 젊은 나이에 폐결핵으로 요절했다.

유신 체제에 맞서 '독재 타도'를 외쳤던 김지하는 폐결핵으로 서울
시립 서대문요양원과 인천 적십자병원을 거친 후 장편 시 '비어(蜚語)'
을 발표해 체포되었는데, 폐결핵 때문에 기소되지 않고 마산 결핵병
원에 강제 연금 당했다. 아래는 그 시절 발표한 시 '편지'다.

벗들
병든 나를 찾지 마라
나를 찾지 마라
펄펄 내리는 눈 속에 갇힌

머물려거든
매화 봉우리
아조아조 향그럽게 머물고

피우려거든

더욱더 새빨갛게 꽃피워라

동백이여

펄펄 내리는 눈 속에 갇힌

따뜻한 춘삼월에 만나자 벗들

눈겨울 외로움 속에

맑은 향기로 머물었다

매운 꽃으로 들에 홀로 피어났다

춘삼월 그 흔한 바람 속에 흐드러져

수월히 만나자 벗들

어렵게 수소문하여

나를 찾지 마라

병든 나를 찾지 마라

펄펄 내리는 눈 속에 갇힌

　　노래 '산장의 여인'의 모티브가 되었던 그 여인에 대한 후일담은 알
려지지 않고 있다. 몸은 완쾌됐는지, 어디서 살고 있는지, 무엇을 하
며 지내는지 궁금하다. 작사가 반야월의 말처럼 혹시나 캄캄한 밤하
늘 어느 별 아래서 이 '산장의 여인' 노래를 들으며 슬피 울고 있을지
도 모르겠다.

잦은 통음과 내면적 허무로 몸이 망가져
폐결핵에 걸린 젊은 시절의 김지하. 요양
병원에 문병 갔던 친구가 찍은 사진

'유정천리' 음반

유정천리 (조병옥 별세)

가련다 떠나련다 어린 아들 손을 잡고
감자 심고 수수 심는 두메산골 내 고향에
못살아도 나는 좋아 외로워도 나는 좋아
눈물어린 보따리에 황혼빛이 젖어드네

세상을 원망하랴 내 아내를 원망하랴
누이동생 혜숙이야 행복하게 살아다오
가도 가도 끝이 없는 인생길은 몇 구비냐
유정천리 꽃이 피네 무정천리 눈이 오네

11

떠나간 조박사, 백성들이 울고 있네

1959년 남홍일 감독의 영화 '유정천리'가 개봉된다. 배우 김진규, 이민자, 박암, 안성기 등이 출연한 이 영화는 강원도 산골에 살던 세 식구가 시골생활이 싫어 무작정 서울로 떠나오면서 벌어지는 이야기를 담았다. 이 영화의 줄거리는 다음과 같다.

고향 선배의 소개로 운전학원을 다녀 택시기사가 된 남편(김진규)은 새 직업을 갖게 된 기쁨을 아내(이민자)와 함께 나눈다. 하지만 곧 교통사고를 내고 감옥에 들어가게 된다. 남편 옥바라지를 해야 할 아내는 남편 택시회사 동료(박암)와 바람이 나서 어린 아들(안성기)을 버려둔 채 자취를 감춘다. 아들은 부모 모두와 헤어져 거리를 헤매는 거지소년이 된다.

형기를 마치고 출옥한 남편은 어느 날 거리에서 아들과 극적으로 만나게 된다. 그간의 정황을 알게 된 남편은 몹쓸 아내를 원망하지만 모든 것을 잊고 굳세게 살아갈 것을 다짐한다. 그리고는 아들의 손목을 잡고 황혼이 비끼는 언덕길을 오르며 이렇게 외친다.

"가자! 감자 심고 수수 심는 두메산골 내 고향으로"

이 영화는 많은 관객들의 손수건을 흥건히 적시게 만들며 많은 화제를 모았지만, 영화보다 더 유명해진 것은 주제가 '유정천리(반야월 작사, 김부해 작곡, 박재홍 노래)'다. 노래 가사에는 1950년대 후반, 전쟁을 겪은 지 얼마 지나지 않은 한국인들의 고달픈 삶과 막막하던 심정이 실감나게 담겨져 있다.

그리고 이 노래는 민주당 대통령 후보 조병옥의 예기치 않는 병사(病死)와 함께 다시 한 번 대중들의 주목을 받게 된다.

조병옥의 도미...
자유당의 '꼼수'

1956년 대통령 선거에서 신익희라는 유력한 후보를 내고도 신 후보의 갑작스런 죽음으로 대선을 치러보지도 못한 민주당은 와신상담하게 된다. 민주당이 우여곡절 끝에 꺼낸 새로운 카드는 일제 때 독립운동을 했고 해방 후 미 군정 경무부장과

6·25때 내무장관을 지낸 '조병옥'
이었다.

1959년 11월 26일 서울시 공관
에서 열린 민주당 정·부통령 후보
지명대회 표결 결과 조병옥은 총
투표자 966명 가운데 484표를 얻

1950년대 중반 각별히 아꼈던 후배 김영삼 의
원과 자리를 함께한 조병옥

어 481표를 획득한 장면을 3표차로 누르고 대통령 후보가 된다. 부통
령 후보로는 차점자인 장면이 또다시 뽑혔다.

민주당 전당대회는 신·구파의 갈등으로 생채기를 남겼다. 이런 민
주당의 당내 갈등 여파가 채 가시기도 전에 자유당은 3월 조기 선거
를 추진한다. 표면상의 이유는 농번기를 피하기 위해서라고 하지만
속내는 따로 있었다. 민주당이 전열을 가다듬기 전에 선거를 치름으
로써 야당의 붐 조성과 선거공세에 시간을 주지 않으려는 것이었다.

뒤늦게 선거체제를 갖추기 시작한 민주당은 대통령 선거 사무장에
김도연, 부통령 선거 사무장에 오위영을 선임했고, 신파와 구파 사이
에 선거자금과 전략에 대한 협의도 이루어졌다. 그러나 조병옥 후보
가 신병 치료차 도미(渡美)할 계획을 하고 있어 만약 3월 이전에 선거
가 실시되면 제대로 된 유세도 못할 형편이었다.

마침내 신병 치료를 위해 미국을 방문하는 조병옥은 도미 인사를
겸해 이승만 대통령을 방문하고 조기 선거를 하지 않도록 해달라고
부탁한다. 그러나 사실상 제안을 거부당한 민주당은 1월 24일 확대간

부회의를 열어 이승만 대통령에게 다음의 4개 항목을 제시하고 회신을 요구한다.

① 3월 선거는 임기만료 30일 전에 선거를 실시한다는 헌법정신을 곡해하는 것이다.
② 5월 중순은 농번기가 아니다.
③ 선거관례에 따라 3월 선거는 부당하다.
④ 조병옥 후보의 신병으로 3월 선거는 페어플레이가 될 수 없다.

이에 대해 이승만 대통령은 1월 28일 민주당에 회신을 보내 "지금도 나는 선거는 농번기가 시작되기 전에 하는 것이 옳은 것으로 생각한다"며 민주당의 주장을 일축한다.

4년 전 신익희에 이어
조병옥 마저...

자유당의 치밀하고 조직적인 부정선거 시도가 노골화되는 가운데 조병옥 후보는 1월 29일 부득이 신병 치료차 미국으로 떠난다. 그는 지병인 위장병이 악화되어 국내에서는 치료가 불가능하자 미국 월터리드 육군병원에서 위 수술을 받기로 결심한다.

조병옥은 도미길에 오르면서 당 간부들에게 어떤 일이 있더라도 조기 선거만은 안 되도록 최선을 다해달라고 당부하며, 환송객들에게 "낫는 대로 곧 달려오리다"라는 짤막한 말을 남기고 떠난다.

1960년 1월 29일 신병 치료차 미국 방문길에 오른 조병옥이 공항에서 성명을 발표하고 있다

그러나 민주당의 강력한 반발에도 불구하고, 자유당은 선거를 예년보다 두 달이나 앞당겨 3월 15일에 실시한다고 전격 발표한다. 미국에서 이 같은 소식을 전해들은 조병옥은 "이것은 페어플레이 정신을 망각하고 등 뒤에서 총을 쏘는 격"이라고 비난 성명을 발표하지만 선거일은 조정되지 않았다.

조병옥은 2월 6일 개복 수술을 받고 경과가 좋아져, 직접 한국에 전화를 걸어 병세가 좋아지면 열흘 뒤에 퇴원할 수 있을 것이라고 소식을 전한 뒤 귀국일자만 초조하게 기다린다. 그러나 조병옥은 2월 15일 아침 심장마비를 일으키고 병원에서 급서(急逝)한다.

민주당은 이로써 신익희에 이어 또다시 선거도 해보기 전에 대통령 후보를 잃게 되는 불운을 맞는다. 조병옥의 유해는 미국으로 떠난 지 22일 만에 환국했다.

국민들의 애통함은 너무나 컸다. 국민들은 박재홍의 노래 '유정천리'를 개사해 부르면서 슬픈 마음을 달랬다.

가련다 떠나련다 해공 선생 뒤를 따라
장면 박사 홀로 두고 조 박사도 떠나갔네
가도가도 끝이 없는 당선길이 몇 구비냐
자유당에 꽃이 피고 민주당에 비가 오네

세상을 원망하랴 자유당을 원망하랴
춘삼월 십오일의 조기 선거 원망하랴
천리만리 타국에서 박사 죽음 웬말이냐
설움 어린 신문 들고 백성들이 울고 있네

'유정천리' 노래가 퍼지면 퍼질수록 자유당은 이 노래를 부르지 못하게 막았고 경상도를 중심으로 시작된 반(反)자유당 운동은 대구의 2·28 학생봉기와 마산의 3·15 의거로 이어진다. 그리고 마침내 4·19 혁명의 불씨를 지피게 된다.

대중들의 '유정천리' 개사곡에 맞서 자유당은 '이승만 박사 찬가'와 함께 '이기붕 선생'이라는 노래를 만들어 국민학교(현재의 초등학교)에서 가르쳤다.

일제 강점기 미국 아이오와주 헌팅턴 호텔에서 일했고, 귀국해서는 대형 유흥음식점인 '국일관'에서 지배인을 지낸 이기붕에 대해 '일제의 탄압을 물리쳤다'고 표현한 노래 가사에 실소를 금할 수 없다. 다음은 '이기붕 선생' 노래 가사다.

서기 어린 태백산 정기를 받아
대한의 한복판 기상에 나셔
그 이름 찬란하다 이기붕 선생
이 박사를 보필하실 애국자시네

일제의 탄압을 물리치시고
조국의 광복을 이루었으니
그 이름 찬란하다 이기붕 선생
이 박사를 보필하실 애국자시네

구차하신 가정에 자라나시어
어려운 시정을 보살폈으니
인정도 많으셔라 이기붕 선생
이 박사를 보필하실 애국자시네

4·19혁명으로 자유당이 몰락하고 '유정천리'의 가사는 다시 한 번
바뀌어서 불린다. 혁명의 성공으로 '유정천리' 개사곡이 폭발적인 호
응을 얻자 신세기레코드사는 이를 상업적 성공으로 이어가고자 정식
개사곡 음반을 제작했다.

원곡 가수인 박재홍이 녹음한 '4·19와 유정천리'는 대중이 만든 개
작가사 두 절에 새로 한 절을 덧붙인 형태였다. '자유당에 꽃이 피네
민주당에 비가 오네'는 '민주당에 꽃이 피네 자유당에 비가 오네'로

가사가 바뀌었다.

그러나 음반사의 기대와는 달리 이 음반은 별다른 반응을 얻지 못했다. 지나치게 노골적으로 혁명 분위기에 편승한 '상업 기획'이 오히려 거부감을 유발했던 것으로 보인다. 이승만과 이기붕과 자유당은 이미 죽은 권력이었다. 대중들은 죽은 권력보다 서슬 퍼렇게 살아있는 권력에 대해 풍자하고 비판할 때 쾌감을 느끼는 법이다.

3부자 모두 야당 당수 지낸 정치 명문가

한국에는 많은 정치 명문가가 있다. 하지만 그 중에 가장 손꼽히는 곳이 바로 한국 야당사의 거목 조병옥 가문이다.

민주한국당 총재를 지낸 조윤형과 새천년민주당 대표를 지낸 조순형이 바로 그의 아들이다. 조병옥이 1950년대 민주당 대표를 지냈으니, 3부자(父子)가 모두 정당 당수를 지낸 것이다.

조병옥은 언뜻 보기에 무섭게 생긴 인상이지만, 알고 보면 온건한 타협주의자였다. 그리고 풍류객이었다. 그는 일제 강점기 때 독립운동으로 두 차례나 옥고를 치렀고, 해방 이후에는 야당 지도자로 있으면서 줄기차게 반독재 투쟁을 이끌어 왔다.

그러나 미군정 하에서 좌익 세력으로부터 '미군정의 앞잡이'라는 비난을 받기도 했는데, 경무부장으로 제주 4·3사건 진압에 개입하면서 "대한민국을 위해서 온 섬에 휘발유를 뿌리고 불태워 버려야 한다"고 한 발언이 빌미가 됐을 것이다. 또 신·구파의 극심한 갈등 속에서는 신파로부터 "주색 풍류객이 대통령이 되어서는 안 된다"는 공격을 당하기도 했다. 그러나 그는 결코 굽히지 않았고 아첨하지 않았다.

그는 선 굵은 정치인이었다. 그는 자신이 생각하고 믿는 바를 거리낌 없이 말하고 행동했다. 권위적인 이승만 대통령이 주재한 국무회의에서 담배를 피운 유일한 장관은 조병옥뿐이었다. 그만큼 그는 당당했다.

해방 후 때론 이승만과 협력했지만, 자유당 독재가 노골화된 뒤엔 야당 투사로서 온 몸을 던져 민주주의를 위해 싸웠다. 그러면서 한편으로는 노련한 '협상가'로서의 능력도 발휘했다. "빈대 잡기 위해 초가삼간 태울 수는 없지 않느냐"는 논리로 대화와 타협을 시도했던 것이다.

역사에 가정이란 없다. 하지만 그가 1960년 3·15선거를 앞두고 타계하지 않았다면 어떻게 됐을까? 만약 그가 살아서 4·19혁명 후의 정국을 수습할 수 있었더라면, 우리나라의 정치사는 분명히 다르게 쓰였을 것이다.

'두형이를 돌려줘요' 앨범 표지

두형이를 돌려줘요
(조두형 유괴사건)

1. 두형아 내 동생아 너 있는 곳 어데냐
너를 잃은 부모님은 잠 못 들고 운단다
동에 가도 네가 없고 서에 가도 너 없으니
낯선 사람 정을 붙여 엄마생각 잊었느냐

(낭송) 여보세요 제발 애원해요
아무 것도 모르는
그 천진한 어린 것을 제 품에 꼭
돌려 보내주세요 네
세상에 부모 마음은 모두 마찬가지가
아니겠어요
정말 정말 애원이예요

2. 고사리 어린 손아 노래하던 재롱아
너와 함께 놀던 동무 너를 찾아오는데
어느 때나 돌아오리 죄도 없는 어린 목숨
애타는 엄마 품에 두형이를 돌려줘요

12

언제 돌아오나,
죄도 없는 어린 목숨

'두형이를 돌려줘요' 노래는 아세아레코드 사장 최치수의 기획으로 제작했다. 1962년 당시 실종된 채 행방을 알 수 없던 네 살 어린이 조두형을 찾는데 노래가 도움이 될 수 있다는 생각으로 음반을 기획한 것이다.

이 음반에는 총 8곡을 실었는데 이미자의 노래가 절반이고 나머지는 남상규, 차은희, 박재란, 황금심의 노래로 구성한 컴필레이션 음반이다. 타이틀곡 '두형이를 돌려줘요'는 반야월 작사, 라음파 작곡에 이미자가 노래했다.

1959년 '열아홉 순정'을 발표하면서 가수의 길로 들어선 이미자는 '두형이를 돌려줘요'를 부르며 인기가수의 반열에 올라섰다. 이후

1964년 가요사의 기념비적인 노래인 '동백아가씨'를 빅히트시키면서 마침내 '이미자 시대'를 연다.

'엘리지의 여왕' 이미자의 슬픈 음색은 1, 2절 사이의 부모 심정을 담은 흐느끼는 대사와 함께 듣는 이들의 눈물샘을 자극했다. 서울 거리와 전국의 레코드 가게에서 거의 매일 이 노래가 흘러나왔다. 길 가던 시민들은 발걸음을 멈추고 가사 속의 두형이와 부모를 생각하며 모두가 한마음으로 슬퍼했다.

돈 때문에 4살짜리 아이를 유괴했다는 사실은 당시 사회에서는 충격으로 여겨졌다. 당시에는 전쟁의 영향으로 어린아이를 버리면 버렸지 유괴하는 일은 흔하지 않았다. 이에 각종 언론을 포함한 많은 단체에서 두형이를 찾기 위한 범국민적 운동을 벌였다.

이러한 운동이 가요계에까지 번지면서 '두형이를 돌려줘요'와 같은 노래가 나온 것이다. '두형이를 돌려줘요' 외에 동요 '산토끼'를 샘플링한 곡 '두형아'도 함께 발매했다. '두형아'는 인기가수 남상규와 8명의 합창단원이 함께 노래했다. 1절이 끝나면 "두형아, 울지마라, 응? 착한 아기지? 울면 바보야. 아저씨 아줌마 말 잘 듣고 엄마 아빠 보고 싶거든 네가 잘 부르는 노래 있잖아? 응? '기타부기' 말이야"라는 두형이 어머니의 눈물 어린 호소가 이어진다.

이 노래를 기획한 아세아레코드 사장 최치수는 어릴 때 양친을 잃고 14년간 철도 검차원으로 일하다 레코드 업계에 진출한 입지전적인 인물이다.

그는 두형이 사건을 노래로 만든 이유를 세 가지로 들었다. 첫째, 지방에는 유성기가 있는 집에 사람이 모인다는 점. 둘째, 앰프 시설이 광범위하게 소식 등을 전한다는 점. 셋째, 레코드의 지방 보급이 빠르게 이루어지고 있다는 것이 그 이유였다.

'두형이를 돌려줘요'는 후대에도 계속 불려졌다. 최정자가 부른 버전이 1976년 '골든힛트 가요전집'에 실렸고, 신수인도 2007년 '옛날노래'에 이 곡을 실었다. 이미자도 1981년 발매한 '힛트송 경음악−추억의 유랑극단 제7집' 등 자신의 음반에 이 곡을 수차례 실었다.

"현금 20만 원 준비하라"
협박장

1962년 9월 10일. 두형이는 아침 8시 30분경 자택에서 약 200m 떨어진 국민학교(현재의 초등학교)로 등교하던 누나를 따라 집을 나섰고, 오전 9시경 또래 친구인 이정섭과 동네 놀이터에서 어울려 놀다 행방불명되었다. 이후 소식이 없자 두형이의 부모는 경찰에 신고했다.

조두형의 어릴 때 모습

처음엔 길을 잃은 줄 알고 미아 신고를 했다. 이후 단순 실종이 아니라고 판단하고 다음날인 9월 11일 신문에 후사금 2만 원을 걸고 광고를 냈다. 두형이는 마포에서 사업을 해서 부유했던 조 씨 집안의 2대 독자였다.

신문광고를 낸 당일 오후 7시 경, 용산에 거주하는 한 여성에게서 전화가 걸려왔다. 그 여자는 두형이의 인상착의를 물어보고 전화를 끊었으며 다음날인 9월 12일 아침 9시에 다시 전화를 걸어 "우리 집에 있는 아이가 틀림없는 두형이다. 계속 울어대서 귀찮으니 데려가라"고 전했으나 이후 연락이 두절되었다. 지금이야 전화 위치 추적이 가능하지만 당시로서는 위치추적이 불가능했던 탓에 발신지 수사도 불가능했다.

신문광고를 낸 지 사흘만인 9월 13일, 두형이의 자택에 협박장이 도착했다. 협박장에는 서대문 우체국의 소인이 찍혀있었다. "아이를 찾으려면 협상하자. 현금 20만 원을 준비하지 않으면 본의 아닌 비극이 생길 것이다"라는 내용이었다.

당시의 20만 원은 현재 물가로 따지면 엄청난 금액이다. 기록에 따르면 1963년에 처음 나온 삼양라면 가격이 10원이었고 짜장면이 15원 정도였다. 이를 바탕으로 환산하면 당시의 20만 원은 현재의 5천만 원 정도로 추산된다.

다음날 9월 14일에 "현상금 20만 원을 건다고 광고를 내라. 안 들으면 비극을 전할 것이다"는 내용의 두 번째 협박장이 도착했다. 두형이의 부모는 협박장의 내용대로 이행했다. 다음날에는 또다시 세 번째 협박장이 도착했다. 내용은 다음과 같았다. "16일 오후 5시까지 장위동 경원선 구일(9-1)호 전신주 앞에 돌을 쌓아두었으니 20만 원을 갖다 두어라. 아이는 10시간 후에 돌려보내겠다." 이에 경찰은 가짜 돈을 놔두고 대기했으나 아무도 오지 않았고, 19일과 22일에도 마찬가지였다.

이런 가운데 마포경찰서 앞으로 마산에서 보낸 것으로 보이는 괴편지가 도착하는가 하면 대구에서 두형이와 비슷한 사람을 목

실종된 조두형을 찾기 위해 노래가 만들어진다는 내용을 보도한 당시의 신문 지면

격했다는 제보도 들어와 경찰이 출동했지만 허탕만 쳤을 뿐이었다.

신문 등 각종 매체에 두형이를 찾기 위한 범국민적 운동이 일어났다. 내무부, 체신부, 교통부, 문교부, 한국전력, 여성단체들까지 두형이를 찾기 위해 애썼다. 체신부 우편배달원들은 두형이 사진 전단을 돌렸고, 교통부는 기차 승객들에게 신고를 부탁하는 협조 방송을 내보내기도 했다. 심지어 영화관에서 영화 상연 전에 방영했던 대한뉴스에서까지 '두형이를 돌려줘요'를 틀어줬다. 노래가 흘러나오면 영화를 보러왔던 관객들은 이미자의 애절한 목소리에 본 영화를 보기도 전에 먼저 울어버리는 일도 많았다.

거국적 수사에도 두형이의 행방 파악에 진전이 없자 박정희 국가재건최고회의 의장이 대국민 담화를 하는 데까지 이르렀다.

"조두형 군을 유괴한 자는 한시 빨리 자수하길 바란다. 자수하여 아이가 무사히 돌아온다면 관대한 처분을 내리겠다."

더불어 당시 내무부 장관이었던 박경원에게 두형이를 찾기 위해 수단과 방법을 가리지 말라는 특별지시까지 내렸으나 단서부족, 허위

제보 속출 등의 이유로 수사에 난항을 겪은 끝에 두형이를 영영 찾아내지 못했다.

29년 후인 1991년 일어난 비슷한 사례의 이형호 유괴 사건을 감안하면 범인은 돈을 요구하기 전에 두형이를 이미 죽였거나, 혹은 후환을 방지하기 위해 두형이를 죽이고 암매장했을 가능성이 있다.

"내가 바로 조두형입니다"
알고 보니...

2014년 9월에는 자신이 조두형이라고 주장하는 사람이 자신의 가족을 찾는다며 신문광고를 냈다. 그러나 SBS '궁금한 이야기 Y'에서 실시한 DNA 검사 결과 조두형이 아닌 것으로 나왔다. 자기 진짜 가족을 부정하고 자신이 조두형이라고 확신하는, 약간 망상 증상이 있었던 사람이었다.

그의 형은 "○○은 어린 시절 부모님과 따로 떨어져서 살았다. 나도 부모에 대한 기억이 없는데 동생은 오죽하겠나 싶어서 늘 안쓰럽게 생각해 왔다"며 "IMF 때 해고당하고 처가살이를 하고, 그러면서 '언젠가는 내가 탈출해야겠다'는 생각에 자신이 조두형이라고 주장하게 된 것 같다"고 증언했다.

'조두형 유괴사건'은 2016년 tvN 드라마 '시그널'에서 조사한 미제사건 10선에도 '개구리 소년 실종사건', '문경 십자가 시신사건' 등과 함께 들어갔을 정도로 현재까지도 가슴 아픈 사건으로 기억되고 있다.

56년의 세월이 흘렀다. 만일 어딘가에 조두형이 살아있다면 얼굴에 깊은 주름살이 팬 환갑을 맞은 초로의 모습일 것이다. 그러나 아직도 두형이의 종적은 간 데 없고 그를 찾던 슬픈 노래만 남았다.

'눈물의 신금단' 음반 표지

눈물의 신금단 (신금단 부녀 상봉)

1. 금단아 금단아 소리치는 아버지
14년 만에 이국땅 동경에서 낯설은 땅에서
아버지 그동안 안녕하셨습니까?
꿈인가요? 생시인가요?
하늘도 울고 땅도 울었소

(낭송) 아버지: 금단아 이것이 꿈이냐 생시이냐
나는 자유의 품안에서 네 소식을 들었다
그래 북한에 어머니 동생들 잘 있느냐
딸: 아버지 걱정마세요 할아버지 산소도 동생들과 같이 보고 있어요
아버지: 그래 하루속히 자유의 품안으로 돌아오길 바란다
딸: 아버지 알았어요 떠나야 할 몸, 몸 성히 안녕하세요? 아버지~
아버지: 금단아~
딸: 아버지~

2. 감시의 눈초리 천륜의 그 하소 말도 못하고 만나자 이별인가
7분간 귓속말
자유의 품안에 돌아오라 금단아
너도 나도 울었다네
하늘도 울고 땅도 울었소

13

14년의 기다림, 7분 만에 끝난 만남

1963년 1월 23일, 국제올림픽위원회(IOC)는 동·서독의 전례에 따라 1964년 도쿄올림픽에 남북한이 단일팀을 구성할 것을 요청했다. 이에 스위스 로잔 남북체육회담을 시작으로 이후 13차례의 회담이 열렸지만, 남북한은 의견차를 좁히지 못해 단일팀 구성은 결렬되고 말았다.

하지만 도쿄올림픽에선 그 유명한 '신금단 부녀 상봉'이 이뤄져 전 국민에게 분단의 통한을 되씹게 한 계기가 된다.

신금단은 북한이 낳은 전설적인 여자 육상선수였다. 1938년 함경남도 이원군에서 태어난 그녀는 선반공이었다가 1958년 9월부터 운동선수 생활을 시작했다. 1960년 7월 모스크바에서 열린 '즈나멘스끼형제상' 국제육상경기대회 800m 경기에서 세계신기록을, 평양에서 열린 북한·중국·몽골 3개국 육상대회 400m경기에서 또다시 세계신기록을 수립했다.

북한 육상선수 신금단

신금단은 1963년 11월 인도네시아 자카르타에서 열린 제1회 가네포(GANEFO, 신생국경기대회)에서 육상 여자 200m(23초4)와 400m (51초4), 800m(1분59초1)를 석권하며 3관왕에 올랐다. 400m와 800m 기록은 당시 세계 최고 기록이었다.

그러나 신금단은 도쿄 올림픽에 출전할 수 없었다. 국제올림픽위원회와 국제육상경기연맹이 '가네포'에 참가한 선수는 1년간 올림픽과 국제육상대회에 나갈 수 없다고 결정했기 때문이다. 인도네시아는 1962년 아시안게임을 개최하면서 대만과 이스라엘의 참가를 거부했는데 이에 대해 국제적 비난 여론이 일자 창설한 대회가 가네포였다.

신금단의 출전이 불가능해지자 북한은 도쿄올림픽 개막을 이틀 앞둔 10월 8일 대회 불참과 일본에 와 있던 선수단의 철수를 전격 발표했다. 그런데 바로 그날 신금단의 아버지 신문준이 딸을 만나기 위해 서울에서 도쿄로 출발했다.

신 씨는 신금단이 가네포에서 우승했을 때 신문에서 기사를 읽고 1950년 12월 함경남도 이원을 떠나 1·4후퇴 때 단신으로 월남하면서 헤어진 자신의 딸임을 확신했던 터였다.

"아버지!" "금단아~"
눈물의 7분

　　　　　대중들의 관심은 신금단의 올림픽 출전 여부에서 '부녀 상봉'으로 옮겨졌다. 두 사람이 만나야 한다는 여론이 들끓자 북한 당국도 받아들일 수밖에 없었다. 10월 9일 오후 4시 55분 신금단과 아버지 신 씨는 도쿄 조총련회관에서 해후했다.

　신금단은 "아바이"라고 외쳤고 신 씨는 "금단아!"만을 되풀이했다. 끌어안고 눈물을 흘리던 두 사람의 만남은 14년의 이별에 비해 너무나 짧은 7분(동아일보 보도에서는 15분) 만에 끝났다.

　다음은 신금단 부녀의 극적 상봉을 보도한 동아일보 1964년 10월 10일자 '단장의 38선 세계를 울렸다' 제목의 기사 일부이다.

　"38선 장벽은 국경보다도 높았다. 국경도 가르지 못하는 부녀의 정을 한 칼로 잘라버리는 비정의 금은 또 하나의 비극을 낳아 세계를 울렸다. '금단아…' '아버지…' 남북을 가로막고 버티어 선 그 하나의 장벽으로 말미암아 14년을 헤어져 살아온 여자 육상계의 '히로인' 북한의 신금단 양은 남한의 아버지 신문준(48) 씨를 만났으나 그리던 아버지의 품에 눈물 자국만을 남겨 놓은 채 할 말도 다 하지 못하고 다시 북행열차에 실려 갔다.

　그것도 단 15분 동안, 남의 땅 일본 동경의 '조총련 조선회관'에서… 9일 오후 4시 55분, 동경올림픽은 극적인 부녀 상봉의 15분을 마련해 주었지만, 그 올림픽의 터전에서까지도 가로놓인 38선의 장벽은 자지러지

는 듯 외쳐내는 말, 금단의 '아버지 잘 가오' 소리만
을 허공에 남겨둔 채 다시 언제 만날지 기약 없는
이별로 끝났다."

신금단은 헤어지면서 아버지의 손을 잡고 다시
만날 것이라고 했다. 어떻게 만날 것이냐는 아버지
의 물음에 "통일될 것이니까"라고 답했다. 그러나
두 사람은 다시 만나지 못했다. 신금단은 은퇴 후

신문준–신금단 부녀의 극적
상봉을 보도한 1964년 10월
10일자 동아일보 지면

인민체육인 칭호를 수여받고 압록강체육선수단 등의 육상 지도원을
지냈다. 70세 넘은 나이에도 선수들을 직접 지도하는 모습이 북한 화
보지에 소개돼 눈길을 끌기도 했다.

이 만남은 전 국민의 심금을 울렸다. 이런 분위기에서 나온 노래가
한복남이 작사·작곡하고 황금심이 부른 '눈물의 신금단'이다.

한국의 마리아 칼라스
'황금심'

'눈물의 신금단'을 부른 가수 황금심의 본명
은 황금동이다. 1936년, 그녀의 나이 18세 때 '알뜰한 당신'을 발표하
며 가수로 데뷔했다.

'알뜰한 당신'이 히트하자 집안에서는 난리가 났다. 황금심은 딸의
가수 활동을 반대하는 아버지에 의해 머리를 깎이고 집에 구금된다.

그러나 황금심은 단식까지 하면서 고집을 꺾지 않는다. 이를 보다 못한 어머니의 간청으로 아버지도 결국은 허락을 하면서 가수의 길을 계속 걷게 된 그녀는 본명 황금동과 오케레코드 취입 때의 황금자 대신 작사가 이부풍이 지어준 '황금심'으로 빅터레코드 전속가수의 길을 걷게 된다.

당시 오케레코드와 빅터레코드는 황금심을 먼저 차지하기 위해 쟁탈전을 벌였고, 이 때문에 법정 문제로 비화하기도 했다. 이때 다른 음악인들이 "오케레코드사에는 이미 많은 가수가 있으므로 양보해 달라"며 중재에 나서면서 황금심은 빅터레코드사 소속으로 결정되었다.

황금심은 해방 이후에도 '삼다도 소식', '뽕따러 가세', '장희빈' 등을 히트시키며 인기가수의 입지를 굳힌다. 특히 '삼다도 소식'은 1952년에 발표된 신민요조의 작품으로 여자 많고, 돌 많고, 바람 많기로 유명한 '삼다도' 제주를 주제로 한 곡으로 황금심의 구성지고 처량한 목소리가 두드러진 명곡이다.

황금심의 남편은 황금심 못지않게 한국 가요사의 한 페이지를 장식한 고복수다. '짝사랑', '타향살이' 등을 히트시키며 한 시대를 풍미했다. 고복수와 황금심은 연예계에서 스캔들 없이 살아온 원앙 부부였다. 황금심의 남편에 대한 내조는 극진했다.

고복수는 인기 절정에 있을 때는 화려한 생활을 했으나, 은퇴 후 말년에는 사업에 실패해 서적 외판원을 하는 신세가 됐다. 황금심은 그런 남편이 1972년 60세의 나이로 세상을 뜰 때까지 헌신적 내조를 아끼지 않았다.

　황금심은 남편이 세상을 뜬 후 혼자의 몸으로 3남 2녀의 자식들을 훌륭히 키워냈다. 한때 세 아들이 아버지의 뜻을 이어받아 '일출봉'이라는 형제그룹을 만들어 활동하였으며, 그 중 '남자의 길'을 부른 장남 고영준은 아직도 가수 2세로서 왕성한 활동을 펼치고 있다.

우후죽순처럼 쏟아진
'신금단 노래'

　　　　　　　신금단 부녀의 만남을 소재로 한 노래는 황금심의 '눈물의 신금단' 외에도 많다. '아바이 잘가오', '신금단 부녀의 이별', '부녀의 슬픔' 등이 그것이다. 다음은 반야월이 작사하고 김용만이 작곡·노래한 '눈물의 신금단 부녀'의 가사다.

(낭송) 금단아! 금단아! 아바이!
금단아 수정이도 잘 있니
네 잘 있소 아바이 보고 싶었소
아바이! 아바이!

1. 그리움에 몸부림에 14년간 맺혔던 사연
피눈물이 앞을 가려 말문이 막히누나

금단아 내 딸이야 내 품에 오라
말 한마디 채 못하고 헤어진 이별의 동경

(낭송) 아바이 아바이! 아바이 잘가오
금단아 금단아! 아바이!

2. 눈물마저 말라붙어 울 수 없는 이국땅에서
그 누구가 꿈어 놓은 부녀의 정이더냐
금단아 잘 가거라 살아생전에
언젠가는 만나겠지 한 많은 이별의 동경

이후 1971년 남북 적십자회담이 이루어지며 이산가족 상봉 문제를 다시 협상했지만, 신금단 부녀의 상봉 이후 무려 21년 동안 단 한 건의 상봉도 성사되지 않았다. 신금단의 아버지는 딸을 다시 한 번 더 만날 수 있을까 기대했지만, 다시 보지 못하고 1983년 68세의 나이로 눈을 감았다.

'동숙의 노래' 앨범 표지

동숙의 노래 (학원 강사 살인미수 사건)

너무나도 그 님을 사랑했기에
그리움이 변해서 사무친 미움
원한 맺힌 마음에 잘못 생각에
돌이킬 수 없는 죄 저질러 놓고
뉘우치면서 울어도 때는 늦으리
음~ 때는 늦으리

님을 따라 가고픈 마음이건만
그대 따라 못가는 서러운 이 몸
저주받은 운명에 끝나는 순간
님의 품에 안기운 짧은 행복에
참을 수 없이 흐르는 뜨거운 눈물
음~ 뜨거운 눈물

14

그리움이 변해서 사무친 미움

　'동숙의 노래'는 매혹적인 저음의 허스키한 음색이 돋보이는 가수 문주란의 공식 데뷔곡이다. 1966년 17세의 소녀 문주란은 한국 대중 가요계에서 그 전까진 전혀 들어볼 수 없었던 특이한 음색으로, 애절한 감정을 호소력 있게 표현한 이 노래를 통해 단박에 스타로 발돋움했다.

　문주란은 고향인 부산에서 중학교 3학년 때 지역 방송국의 가요경연대회 1등을 차지하면서 이런저런 무대에 섰고, 다른 가수의 노래를 부를 때부터 그의 음색과 가창력은 듣는 사람의 심금을 울렸다.

　문주란이 서울로 진출해 '극장 쇼' 무대에서 부르는 노래를 듣고 감탄한 유명 작사·작곡가도 적지 않았다. 1965년 당대의 인기 가수 성재희가 불러 히트한 '보슬비 오는 거리'를 본명인 문필연의 목소리로 들은 작사자 전우는 자신의 단골 다방 이름인 '문주란'을 예명으로 선물했다.

'엘리지의 여왕' 이미자와 짝을 이뤄 활동하며 수많은 명곡을 작곡한 백영호는 "문주란의 노래를 '극장 쇼'에서 처음 들었을 때 망치로 머리를 맞은 것 같은 충격을 받았다"고 밝힌 적도 있다. 백영호는 이미자의 대를 이을 가수로 키우기 위해 문주란의 음색을 잘 살린 데뷔곡을 작곡했다. 실화를 바탕으로 한산도가 가사를 쓴 '동숙의 노래'다.

뉘우치면서 울어도
때는 늦으리

1960년대 어렵던 그 시절. 가난한 농부의 딸로 태어난 동숙은 초등학교도 마치지 못한 채, 서울에 올라와 구로공단 가발공장에 다니고 있었다. 월급은 최소한의 생활비만 남기고 시골 부모님에게 모두 내려 보냈다. 동생들 학비와 가사에 보탬을 주기 위해서였다. 그러기를 십여 년, 이제 시골집 형편이 많이 나아졌다.

상황이 다소 좋아지자 동숙은 문득 자신을 돌아보았다. 이미 서른이 가까운 노처녀 나이가 되어 있었다. 지나간 세월이 너무도 아쉬웠다. 이제는 자신을 위해 투자하기로 결심한 그녀는 검정고시 준비를 한다. 대학에 들어가 글을 쓰는 국어 선생님이 되고 싶었다. 그래서 종로에 있는 검정고시 학원에 등록하고 정말 열심히 공부를 하여 중학교 졸업 자격을 얻는다.

그러다 그에게 변화가 생긴다. 학원에 있는 총각 선생님을 사모하게 된 것이다. 착하고 순진한 동숙은 자취방까지 찾아가 선생님 밥도 해주고 옷을 빨아 주며 행복을 느낀다. 장래를 약속하며 몸과 마음, 그리고 돈까지도 그에게 모두 바친다.

그런데 동숙이 다니던 가발공장이 전자산업에 밀려서 부도가 났다. 직장을 잃은 그녀는 학원비 때문에 학원도 나가지 못하는 처지가 된다. 할 수 없이 부모님 도움을 얻으려고 시골에 내려가 공부를 하겠다고 돈을 요구했다. 그러나 부모님은 "야, 공부는 무슨 공부냐? 여기 있다가 시집이나 가라"는 말로 지원을 거부한다.

10년 동안 가족을 위해 희생했던 동숙은 부모님께 서운했다. 그녀는 부모님을 원망하며 울면서 서울로 돌아온다. 그러나 그녀는 친구에게 청천벽력 같은 소식을 듣는다.

"박 선생 그 사람 약혼자도 있고 이번에 결혼한다더라. 마음에도 없으면서 순전히 니를 등쳐 먹은 기라. 가시나야, 정신 차리거라."

동숙은 사실이 아니기를 바랐고 그를 만나서 확인을 하고 싶었다. 그러나 그의 마음은 이미 싸늘해져 있었다.

"너와 난 학생과 제자야. 내가 어떻게… 그리고 네가 좋아서 날 따라 다녔지. 고등학교 검정고시나 잘 보라구."

더 이상 긴 이야기가 필요 없었다. 이미 농락당한 여자임을 알게 된 동숙은 복수를 결심한다. 동생들과 부모님에게 희생만 당하고 그렇게 살아 온 동숙은 "어차피 내 인생은 이런 거야"라며 비관을 한다. 그녀는 동대문 시장에서 칼을 사서 가슴에 품고 온다. 그리고 다음 날 수업시간, 박 선생이 칠판에 필기를 막 마치고 돌아서려는 순간, 원한에 찬 동숙은 선생님 가슴에 복수의 비수를 꽂는다.

"이 나쁜 놈…"

순간적으로 일어난 일이었다. 박 선생은 비명을 지르며 쓰러지고 학생들과 선생들이 달려왔고 동숙은 경찰에 잡히게 된다. 경찰 조사를 받으면서도 동숙은 하염없이 눈물을 흘리면서 "어찌 되었어요? 잘못했어요. 형사님! 제발 선생님만 살려 주세요"라고 자신을 탓하면서 선생님 안부를 더 걱정하지만 결국 살인 미수죄로 복역을 하게 된다.

가난 때문에 자신을 돌아보지 않고 오직 가족만을 생각하며 살아 온 그녀, 뒤늦게 얻은 사랑을 지키지 못하고 살인미수라는 비극으로 마무리된 사연을 담은 '사랑의 생활수기'가 여성 주간지에 실려서 그 당시 많은 사람들의 심금을 울렸다.

문주란의
파란만장한 삶

'동숙의 노래'의 히트로 스타덤에 오른 문주란은 너무 어린 나이에 데뷔하여 큰 스트레스를 받았다. 데뷔하고 몇

년 지난 1969년, 실연을 이유로 자살을 기도하는 사건이 일어났다. 당시에는 이게 엄청나게 큰 스캔들이었는데 상대 남성이 유부남이었기 때문이다.

불행은 계속됐다. 1972년에는 서울시민회관(현재의 세종문화회관 자리)에서 발생한 화재로 2층 분장실에서 뛰어내리다 충격으로 척추를 다쳐 장기간 입원하게 된다. 이듬해에는 이전의 자살 소동 사건의 원인이 되었던 남성의 부인과 그녀가 사주한 일당에게 어린 조카(당시 7세)와 함께 납치당해 마구 폭행당한, 이른바 '문주란 납치사건'이 발생하여 세간의 큰 화젯거리가 되었다.

이후 많은 음반을 발표해 활발한 활동을 보이며 MBC 10대 가수에 거듭 선정되었다. 1974년에는 '공항의 이별', '공항에 부는 바람', '공항 대합실' 등 공항 시리즈를 발표해 인기를 얻었으며, '애정이 꽃피는 계절'이라는 영화에도 출연하게 된다.

문주란은 이 영화에서 공동 주연을 맡은 가수 남진과 '사귄다'는 루머에 휩싸이기도 했다. 이에 대해 최근 문주란은 당시 상황을 다음과 같이 설명했다.

1980년대 초반 무렵 한자리에 모인 선후배 가수들. 왼쪽부터 남진, 문주란, 이미자, 하춘화

"남진 씨는 진짜 친한 형이다. 형이라고 부르는 가수들이 몇 분 있다. 선배들을 대부분 형 이라고 부르지 오빠는 나한테 안 어울려서 쓰지도 않는다. 그 당시에 남진 씨와 내가 소위 말해 인기도 많고 잘 나갔다. 두 사람이 인기가 좋고 나이도 젊었다. 공연도 같이하고 영화도 찍고 하니깐 일부러 엮은 것 같다."

그러나 불행은 끝나지 않았다. 1975년에는 과거 남성과의 사생활 문제가 다시 불거졌고, 계약 파기 문제까지 겹쳐 아예 연예협회로부터 6개월간 방송 정지를 당하였다. 문주란의 수난은 1986년에도 계속됐다. 갑작스런 교통사고를 당한 것이다. 문주란은 이후 차츰 활동이 주춤하게 되었다.

그러다 1990년에 트로트 '남자는 여자를 귀찮게 해'로 화려하게 재기에 성공, 현재까지 활발히 활동을 이어오고 있다. 지금도 경기도 가평군 청평의 '문주란 뮤즈클럽'에서 2, 4번째 토요일 날 무대에 선다는 문주란의 '제 2의 인생'을 응원한다.

2013년 5월 데뷔 45주년 콘서트를 앞
두고 기자회견을 갖고 있는 문주란

'월남에서 돌아온 김 상사' 앨범 표지

월남에서 돌아온 김 상사 (베트남전 파병)

월남에서 돌아온 새까만 김 상사 이제사 돌아왔네
월남에서 돌아온 새까만 김 상사 너무나 기다렸네
굳게 닫힌 그 입술 무거운 그 철모 웃으며 돌아왔네
어린 동생 반기며 그 품에 안겼네 모두 다 안겼네

말썽 많은 김 총각 모두 말을 했지만
의젓하게 훈장 달고 돌아온 김 상사

동네사람 모여서 얼굴을 보려고 모두다 기웃기웃
우리 아들 왔다고 춤추는 어머니 온 동네 잔치하네
폼을 내는 김 상사 돌아온 김 상사 내 말에 들었어요
믿음직한 김 상사 돌아온 김 상사 내 말에 들었어요

15

생사를 넘나든 하얀 전쟁, 빛과 그림자

'월남에서 돌아온 김 상사'는 베트남전(월남전)이 낳은 곡이다. 목숨 걸고 베트남으로 떠났다가 살아 돌아온 당시 청년들의 애환이 담긴 노래로, 당시 한국적인 록을 추구하던 신중현이 만든 불후의 명곡이다. 1969년 당시 동국대 1학년이던 19세 김추자가 불렀다.

한국 대중가요 사상 가장 섹시한 여가수로 평가받는 김추자의 이 음반은 김추자 독집이 아닌 3명의 가수가 참여한 컴필레이션 음반으로 제작되었다. 수록곡 10곡은 모두 신중현의 창작곡이다.

처음 이 음반이 나왔을 때 대중들은 반복적인 사이키델릭 멜로디와 창을 연상시키는 묘한 사운드에 어리둥절했다. 하지만 김추자의 육감적인 춤사위와 창법은 '솔(soul) 사이키 가요'라는 신조어를 탄생시킬 만큼 화제를 모았다.

김추자의 등장은 펄시스터즈와 더불어 한국 대중음악계의 변화를 불러왔다. 글래머러스한 몸매를 여과 없이 드러낸 타이트한 의상과 힙을 현란하게 움직이는 인상적인 춤으로 비디오 시대의 개막을 이끌어낸 것이다. 이후 '늦기 전에', '무인도', '님은 먼 곳에', '봄비' 등을 잇따라 히트시키면서, 당시 최고급 담배였던 청자와 더불어 '담배는 청자, 노래는 추자'라는 유행어를 탄생시켰다.

당대 톱스타 반열에 오른 김추자에게는 여러 가지 소문들과 사건 사고들이 잇달았는데, 대표적인 소문이 바로 '간첩설'이었다. 1971년 '거짓말이야'로 활동하고 있을 당시 그녀가 노래와 함께 지르는 손짓이 북한과의 교신을 의미하는 것 아니냐고 하여 실제로 중앙정보부에서 조사를 하기도 했었다고 한다.

하지만 김추자가 겪은 가장 큰 사고는 1971년 12월, 가수이자 매니저인 소윤석이 소주병을 그녀에게 휘둘러서 얼굴이 난자당한 사건일 것이다. 이 사건으로 김추자는 100바늘 이상을 꿰맸으며 총 6번에 걸친 성형수술을 받아야 했다.

"파병은 절대 안된다"
차지철의 반대

베트남은 1954년 제네바협정에 따라 프랑스가 물러나면서 북위 17도선을 경계로 남쪽은 자본주의 남베트남(월남), 북쪽은 공산주의 북베트남(월맹)으로 양분됐다. 이후 남쪽에서 북베트남을 따르는 월남민족해방전선(베트콩)과 반정부주의자들이 연합세력을 형성했고, 이에 미국은 군사고문단을 파견해 남베트남을 지원했다.

미국에 반기를 든 북베트남은 1964년 8월 2일과 4일 두 차례에 걸쳐 통킹만에서 작전 중이던 미군 구축함 매독스(DD-731)호를 어뢰정과 기관총으로 공격했다. 8월 7일 미국 하원은 '통킹만 결의안'을 의결, 베트남전 개입을 본격화했고 미국은 우리나라에 파병을 요청했다.

이에 대한민국은 1965년에 역사상 최초로 국군의 해외 파병을 위한 베트남 파병 동의안이 국회에서 가결되었다. 여기에는 한국이 공산 침략을 경험한 국가로서 아시아 지역의 안보와 자유수호를 위한다는 명분도 있었다.

국회 파병 동의 과정에서 야당 인사인 윤보선, 장준하, 김대중, 김준연 등은 한국군 파병에 반대하거나 부정적인 입장을 피력하였다. 베트남전 파병 당시 야당의 최고지도자였던 윤보선은 "한국군의 베트남 파병 정책은 박정희 대통령이 그 자신의 집권을 연장하기 위해 애꿎은 젊은이들의 피를 팔아먹으려는 수단이므로 단호히 반대한다"고 주장했다. 야당 의원 김대중 역시 한국군의 베트남전 파병에 대해 부정적으로 생각했다. 그는 국회 대정부 정책질의를 통해 "예비역·퇴역군인 가운데 지원자를 모집해서 의용군을 파견하자"고 제안했다.

눈길을 끄는 것은 차지철 의원의 반대다. 애초 차지철은 베트남전 파병 찬성론자였다. 박정희의 충복인 그로서는 당연한 일이었다. 그런 상황에서 "국회 내에서 파병 반대를 주도하라"는 박정희의 밀명을 받는다. 박정희의 생각은 대미 관계에서 언론이나 야당에서 강하게 반대해야 파병 교섭을 하는데 유리한데, 생각보다는 반대가 약했기 때문이다.

차지철은 당황했다. 하지만 차지철이 누구인가. 주군인 박정희의 명령이었다. 그는 주군의 밀명을 잘 이행하기 위해 베트남 공부를 시작했다. 그러면서 차지철은 자신도 모르게 베트남에 빠져들기 시작했다. 몰랐던 진실을 알게 된 것이다. 특히 근 100년에 걸친 베트남의 항불(抗佛) 독립전쟁은 차지철에게 감동적이었을 것이다. 군인 출신이었던 차지철로서는 식민 지배에 맞서 싸운 베트남의 역사가 남다르지 않았던 것이다.

반면 우리나라가 파병하려는 당시 남베트남 정부의 실태는 최악이었다. 차지철이 봐서도 지켜줄 가치가 없는 정권이었다. 그랬기에 당시 공화당 국회의원이었던 차지철은 의원총회에서 "만약 파병 동의안이 국회에 상정된다면 나는 여당 의원이지만 분명히 반대할 것"이라고 선언했다. 이어지는 차지철의 발언이다.

> "월남의 권력자와 부자들은 전부 자기 자식들을 외국으로 피란시켜 놓고 군대조차 보내지 않고 있어요! 그래 놓고 원군 요청을 한단 말입니까? 자기 나라 특권층 자식들부터 전선에 서게 한 뒤에 외국에 파병을 부탁해도 될까 말까 할 텐데 자기 자식들은 안전지대에서 향락을 즐기게 해놓고 우리나라 청년들을 나서게 한단 말입니까? 상정 자체가 국

민 정서에 맞지 않습니다."

하지만 1965년 8월, 대한민국 국회는 베트남전 파병 동의안을 상정했다. 그리고 당시 한일협정 조인에 반대하는 야당 의원들이 전부 의원직 사퇴로 불참한 상태에서 파병 동의안은 통과되었다. 그때 유일하게 단 한 명의 반대표가 나왔다. 사람들은 그 표가 차지철이라고 생각했다.

전두환, 백마부대 연대장으로 참전

한국군의 베트남전 파병은 1965년부터 휴전협정이 조인된 1973년까지 계속됐다. 1964년 9월 11일 1개 의무중대 및 태권도 교관단을 파견하는 등 후방지원부대 파병을 시작으로 육군 맹호부대와 해병 청룡부대가 파병됐다.

1966년에는 '브라운 각서'의 조인으로 백마부대가 추가 파병됐다. '브라운 각서'는 당시 주한 미국대사였던 브라운이 박정희 대통령을 만나 한국군 증파를 요청하면서 내건 보상안이었다. 그리고 이들을 지원하기 위한 군수지원단 및 백구부대 등 1개 군단 병력을 파견하여, 베트남전 참전 병력은 8년간 총 31만 2,853명에 이르게 된다.

이로써 한국은 미국 다음으로 베트남전에 깊이 개입하였다. 파월 후 한국군은 베트남 평화를 위해 많은 기여를 하였으며, 한국 정부는 베트남 문제에 대해서 큰 발언권을 행사했다.

1966년 10월 필리핀 마닐라에서 열린 참전국 정상회담에서는 주도적 지원국가라는 자격으로 박 대통령이 기조연설을 하면서 베트남 평화방안으로

1964년 제1차 베트남전 파병 때 파월 장병을 환송하는 부산 시민들

서 '협상 전에 공산주의자들이 침략중지 등 구체적 성의를 보일 것', '월남의 의사를 존중할 것' 등을 제시하였다.

베트남전 파병의 대가로 한국 정부는 미국 정부로부터 한국군의 현대화 장비를 지원받았고, 해외 전투수당과 원조수당 등의 자금을 지원받았다. 베트남 파병의 대가로 지원받은 해외 전투수당 및 지원금으로 박정희 정권은 경공업 육성에 투자하는 수출 장려정책을 폈고, 파병수당의 일부로는 국토개발 사업에 충당하였다. 당시 국토개발 사업에 투입된 것 중 대표적인 것이 경부고속도로의 건설 지원금이었다. 그밖에 미국으로부터 경제개발 차관을 제공받기도 했다.

1960년대 중후반 가난에 허덕이던 한국은 베트남전 참전으로 갑자기 돈이 들어오고 물자가 풍부해지면서 일시적인 호황을 누리기도 했다. 이를 '베트남 특수'라 부른다.

반면, 파병된 한국군 31만 명 중 5,099명의 사망자와 1만 1,232명의 부상자가 발생했다. 또한 15만 9,132명의 고엽제 피해자를 낳았으며 화공약품 후유증으로 귀국 후 병사자가 다수 발생하였다.

베트남전에는 전두환·노태우 전 대통령도 참전했다. 전두환은 1970년 백마부대 39연대장으로, 노태우는 1968년 맹호부대 대대장으로 참전했다.

이미자 '동백아가씨'
열창에 눈물바다

　　　　1967년 '가슴 아프게'로 대히트를 친 해병 204기 남진은 가수 진송남, 이태원 등과 함께 베트남에 파병되어 청룡부대 2대대 5중대 2소대에 소속되어 3년여를 보냈다. 다음은 남진의 베트남전 참전 회상이다.

"베트남에 도착해서 배속을 받는데 나는 최전방에 있는 섬에 배치돼 6개월 있었다. 밤에 매복하다 보면 아침에 돌아오지 못한 친구들도 있었다. 한번은 중대에서 식사를 한 뒤 맥주 한 병을 마시고 한숨 돌리고 있는데 포탄이 날아오는 소리가 들려 엎드렸다. 포탄은 가까운 모래밭에 박혔다. 불발이었다. 또 한 번은 동료가 내무실에서 대대장 권총을 닦고 있었고 나는 앞에서 이야기를 하고 있었다. 그런데 갑자기 총알이 발사됐다. 둘 다 얼음처럼 굳었다. 처음엔 내가 맞은 줄 알았는데 옆에 있던 수통에 구멍이 나 있더라."

직접 총을 들지는 않았지만 당대 최고의 인기가수들이 베트남 전

후방을 넘나들면서 위문공연을 펼쳤다. 이미자, 패티김, 현미, 한명숙, 박재란, 배호, 김세레나, 김추자, 펄시스터즈, 윤복희 등이 그들이다.

1966년 11월 위문공연단과 함께 트위스트를 즐기고 있는 파월 장병들

이국만리 베트남에까지 가 사선을 넘나들었던 장병들은 이미자가 '동백아가씨'를 열창할 때 같이 따라 부르면서 눈물바다를 이룬 사연은 유명하다.

베트남전쟁은 참혹함뿐만 아니라 베트남과 한반도의 역사적 유사성 때문에 많은 작가들에 의해 각종 소설, 영화의 소재가 되었다. 소설로는 황석영의 '무기의 그늘', 안정효의 '하얀전쟁', 박영한의 '머나먼 쏭바강', 이상문의 '황색인' 등이 있다.

영화는 1971년에 만들어진 이성구 감독의 '월남에서 돌아온 김상사', 1991년 김유민 감독의 '푸른 옷소매', 1992년 정지영 감독의 '하얀전쟁', 2004년 공수창 감독의 '알포인트', 2008년 이준익 감독의 '님은 먼 곳에' 등이 있다.

친구가 된 베트남
'사돈의 나라'

1975년 베트남에서 대사관을 철수하고 17년 만인 1992년 4월 노태우 대통령 때 양국 연락대표부 설치를 합의했다. 12월에는 외교관계를 수립하여 상주 대사관이 설치되었다. 1998년 김대중 대통령이 베트남을 방문하여 양국의 불행했던 과거에 대해 '유감'을 표명했고, 2001년에는 양국의 포괄적 동반자 관계를 선언하였다. 2004년에는 노무현 대통령이 베트남을 방문해 "우리 국민은 마음의 빚이 있다"고 말하며 호치민 묘소에 헌화를 하고 묵념을 했다. 이에 대해 베트남 참전 전우회 등 참전유공단체의 반발이 거세게 일어났다.

문재인 대통령도 2018년 3월 한국-베트남 정상회담에서 "모범적인 협력 관계를 발전시켜 가고 있는 가운데 우리 마음에 남아있는 양국 간의 불행한 역사에 대해 유감의 뜻을 표하며 양국이 미래 지향적인 협력 증진을 위해 함께 힘을 모아가길 희망한다"며 '유감'을 표명했다.

한국과 베트남은 한때 적이 되어 전쟁을 치르기도 했지만, 갈수록 양국 간 교류가 늘어나고 있다. 베트남에선 한류도 큰 인기를 끌고 있다. 또 두 나라는 '사돈의 나라'로도 불린다. 베트남 출신 결혼 이주 여성들을 포함해 한국에 체류하는 베트남인이 13만여 명이나 된다.

최근엔 박항서 감독이 이끄는 베트남 축구 국가대표팀이 아시안게임 등에서 좋은 성적을 내면서 양국 관계가 더 가까워지고 있다. 국제관계엔 '영원한 친구도 영원한 적도 없다'는 말이 딱 맞다.

김민기 '아침이슬' 앨범 표지

아침이슬 (반유신 민주화운동)

긴 밤 지새우고 풀잎마다 맺힌
진주보다 더 고운 아침이슬처럼
내 맘의 설움이 알알이 맺힐 때
아침 동산에 올라 작은 미소를 배운다

태양은 묘지 위에 붉게 떠오르고
한 낮에 찌는 더위는 나의 시련일지라
나 이제 가노라 저 거친 광야에

서러움 모두 버리고 나 이제 가노라
내 맘의 설움이 알알이 맺힐 때
아침 동산에 올라 작은 미소를 배운다

태양은 묘지 위에 붉게 떠오르고
한 낮에 찌는 더위는 나의 시련일지라
나 이제 가노라 저 거친 광야에
서러움 모두 버리고 나 이제 가노라

16

나 이제 가 노라,

저 거친 광야에 :

'아침이슬'은 1970년 김민기가 작사·작곡했다. 이 노래는 음악평론 가들에 의해 "한국의 가요 수준을 세계적 수준으로 높여 놓았다"는 찬사를 받으며 대학생이던 김민기의 이름을 세상에 알리게 한 곡이 다. 1970년대 초반에 통기타 선풍을 일으키며 젊은이들의 애창곡이 되었다.

그러나 이 노래는 매우 오랫동안 수난 당했고 그 때문에 전혀 다른 존재방식으로 긴 생명력을 유지했다. 대중가요로서의 '아침이슬'은 양희은이 1971년 그의 첫 독집음반에 발표한 후, 그해 가을 창작자인 김민기의 첫 독집음반에도 수록되어 알려졌다. 1972년 봄, 김민기의 음반은 법적 근거 없이 판매가 금지됐다.

가사 맨 처음 등장하는 '긴 밤 지 새우고 풀잎마다 맺힌'에서 '긴 밤'이 1970년대 당시의 유신정권을 의미한 다는 게 나중에 밝혀진 금지 이유였 다. 그러나 어처구니없게도 '아침이슬' 은 1970년에 이미 발표됐고, 유신헌법 은 1972년 10월에 선포됐다. 금지시키

1970년대 유신정권은 수많은 금지곡으로 가 수들의 입을 막았다. 김민기(왼쪽)와 양희은 이 '아침이슬'을 부르는 모습

기 위해 억지로 갖다 붙인 황당한 이유라 볼 수 있다.

김민기의 음반은 판매금지 됐지만 양희은의 음반 등을 통해 이 노 래는 계속 퍼져나갔다. 대중매체와 음반시장에서 사라졌으나 이미 알 려질 만큼 알려진 이 노래는, 이후 구전 등을 통해 대학생과 지식인 사이에서 널리 애창되는 대표적인 민중가요가 되었고, 시위 현장에서 도 많이 불려졌다. 박정희 정권 후반기인 1975년부터 1980년대까지는 사람 많은 곳에서 '아침이슬'을 부르는 것만으로도 시위로 간주될 정 도였다.

타는 목마름으로, 민주주의를 외치다

7·4 남북공동성명 발표 석 달 뒤인 1972년 10월, 박정희 대통령은 비상계엄을 선언한 뒤 국회를 해산하고 모든 정치활동을 금지시켰다. 이어 통일을 실현하기 위해서는 새로운 헌

법, 강력해진 대통령이 필요하다며 대통령 1인에게 권력을 집중시킨 새 헌법을 제정하였다. 이른바 '유신헌법'이다.

유신헌법은 통일주체국민회의에서 대통령을 선출하도록 하였다. 친여권 인사로 구성된 대의원 2,359명은 12월 23일 세종문화회관에서 단독 출마한 박정희 후보를 8대 대통령으로 뽑았다. 찬성 2,357표 무효 2표였다.

유신헌법에 따라 대통령은 법관을 임명하고, '유정회'라 불린 국회의원 후보 3분의 1을 추천하였으며, 법의 효력을 정지시킬 수 있는 긴급조치권을 가지게 되었다. 대통령 임기는 6년으로 늘어났고, 출마 횟수 제한은 없어졌다. 그러나 영구 집권을 꿈꾼 박정희는 대학생들을 중심으로 한 국민들의 강력한 저항에 부딪힌다. 이에 군대를 동원하여 시위를 진압하고, 헌법 개정을 주장하거나 토론하는 일조차 처벌하였다. 고등학교 이상 모든 학교에서 학생회를 폐지하고, 학도호국단이란 군대식 조직을 만들었다. 야당인 신민당 대표를 선출하는 행사장이 정치 깡패들에 의해 난장판이 된 것도 이때였다.

유신정권은 경제 성장을 최고의 가치로 내세웠다. 기업의 경제활동, 특히 수출산업을 육성하는 데 지원을 아끼지 않았다. 반면 노동자들이 노동조합을 만들어 자신의 권리를 주장하는 행위는 불온하게 여겼다. 투쟁하는 노동자와 이를 돕는 지식인을 경제건설을 가로막는 적, 북한 사상에 물든 빨갱이로 몰아세웠다.

유신체제 아래서 '민주주의'를 말하기 위해서는 큰 고통을 감수해야만 했다. 그러나 철저한 감시와 폭력에도 저항은 계속 이어졌다.

10월 유신 1주년을 맞은 1973년, 대학생들은 '자유민주주의 체제 확립' 등을 주장하며 시위에 나섰다. 이후 유신이 끝날 때까지, 대학생들은 가장 헌신적으로 유신반대 운동을 벌였다. 그들은 '타는 목마름'으로 민주주의를 외쳤다.

　　내 머리는 너를 잊은 지 오래
　　내 발길도 너를 잊은 지 너무도 오래
　　오직 한 가닥 타는 가슴 속 목마름의 기억이
　　네 이름을 남몰래 쓴다

　　타는 목마름으로 타는 목마름으로
　　민주주의여 만세

　　살아오는 저 푸르른 자유의 추억
　　되살아나는 끌려가던 벗들의 피 묻은 얼굴
　　떨리는 손 떨리는 가슴 치 떨리는 노여움이
　　신새벽에 남몰래 쓴다

　　타는 목마름으로 타는 목마름으로
　　민주주의여 만세
　　(김지하, '타는 목마름으로', 1975년)

유행가는 역사다

유신체제는 양심적인 종교인과 언론인, 문인, 정당인 등으로 이루어진 이른바 '재야'라는 투쟁적인 시민사회를 만들어냈다. 이들 재야인사들은 '민주회복국민회의'와 같은 연합 단체를 조직하여 유신체제에 반대하는 국민운동을 벌였다.

1973년 첫 반유신 시위로 기록된 '10·2시위' 중 서울대 교내로 들어온 경찰들에게 마구잡이로 연행되고 있는 문리대생들

1970년대 내내 대통령은 오직 박정희 한 사람뿐이었고 '후계자'라는 단어조차 거론되지 않았다. 같은 시기에 북한에서는 '온 사회의 주체사상화'가 강조되고 김일성 개인숭배가 이어졌다. 대립하면서도 닮아갔던 두 체제, 유신체제와 유일체제라는 이름만이 차이라면 차이였다.

금지곡으로 묶인
김민기의 노래들

'아침이슬'을 만들고 부른 김민기는 6·25전쟁 중인 1951년 전북 이리에서 10남매 중 막내로 태어났다. 의사였던 아버지는 그가 태어나기 전에 패퇴하던 인민군에 의해 피살되었다. 서울 재동국민학교와 경기중·고교를 졸업하고 서울대 미대 회화과에 입학했다. 중·고교 시절 미술반 활동을 하며 독학으로 기타를 배웠다. 1969년 서울대 미대에 입학한 후 대학 동기 김영세와 함께 도깨비 두 마리라는 뜻의 '도비두'라는 듀엣을 만들어 활동했다. 또 송창식, 서유석, 김도향, 윤형주 등 젊은 통기타 가수들의 활동무대였던 명동 YMCA '청개구리'의 무대에서 노래를 불렀다.

이 무렵 서강대에 다니던 양희은을 만나게 된다. 집안 사정으로 돈을 벌기 위해 노래하던 양희은을 위해 데뷔곡인 '아침이슬', '작은 연못', '서울로 가는 길' 등을 작곡해 주었다. 김민기의 노래는 맑고 청아하면서도 당당한 양희은의 목소리에 실려 많은 사랑을 받았다.

김민기는 주로 사회 모순을 고발하는 현실 비판적인 노래들을 많이 만들어 힘든 시절을 보내기도 했다. 첫 앨범을 발표한 이듬해 서울대 문리대 신입생 환영회의 공연에서 부른 '꽃 피우는 아이'가 불온하다는 이유로 경찰에 연행되기도 했다. 1975년 '긴급조치' 이후 김민기의 '아침이슬'을 포함한 대부분의 노래가 금지곡이 되었다.

대학 시절 인천에서 노동자로 생활하면서 학교를 다녔고, 야학을 만들어 불우한 청소년들을 가르쳤다. 정치적 탄압으로 정상적인 가수생활이 불가능했던 김민기는 1977년 졸업 후 전북 김제로 내려가 농사를 지으며 농촌의 청년들을 모아 공부를 가르치기도 했다. 1973년에는 대학선배인 김지하가 쓴 연극 '금관의 예수' 공연에 참여하여 같은 이름의 곡을 만들었는데, 양희은이 '주여, 이제는 그곳에'라는 제목으로 불렀다.

1978년 동일방직 사건의 노동운동을 주제로 만든 음악극 '공장의 불빛'을 작사·작곡했다. 또 공장 생활을 하며 만든 '거치른 들판에 푸르른 솔잎처럼'은 훗날 '상록수'라는 제목으로 사랑 받았는데, 노무현 전 대통령의 애창곡으로 2002년 대통령 선거운동 당시 기타를 치며 노래하는 모습이 화제를 모았다.

김민기는 1990년대 이후부터 연출가와 공연기획자로 변신했다. 1991년 극단 '학전'을 설립하고 '개똥이', '지하철 1호선', '모스키토', '의형제' 등 뮤지컬과 연극을 만들어 무대에 올렸다. 특히 1994년 독일 원작의 작품을 번안해 연출한 록 뮤지컬 '지하철 1호선'은 2008년까지 4000회의 공연을 이어가며 국내 최장기 공연기록을 세우기도 했다. 그는 학전 소극장을 통해 김광석, 안치환, 들국화, 동물원 등을 비롯한 가수들의 소극장 라이브 콘서트 무대를 만들며 한국 대중문화의 지평을 넓혔다.

김민기와 조용필, 두 전설의 만남

잠시 화제를 돌려 한국 가요사에 커다란 족적을 남긴 두 가수, 김민기와 조용필의 만남 이야기로 가보자.

때는 1997년 겨울 어느 날, 음악평론가 강헌과 조용필이 술자리에서 한 얘기가 단초가 됐다. 조용필의 인기가 최고조에 달하던 그 무렵, 조용필은 자신의 음악적 영역 외의 타 뮤지션에 대해 과연 얼마나 인정하고 있었을까.

그 술자리에서 강헌은 조용필에게 "형이 우리나라에서 가장 인기 있는 뮤지션이라고 생각하는 건 당연하지만 타 뮤지션 중 한 명을 꼽으라면 누구를 꼽으시겠습니까?"라고 물었다. 조용필의 대답은 의외로 '김민기'였다.

강헌은 깜짝 놀랐다. 신중현이나 김홍탁을 얘기할 줄 알았다. 김민기를 인정한다는 말은 충격이고 감동이었다. 조용필 자신이 갈 수 없는 길, 그 길을 가고 있는 것에 대한 연민과 존경을 나타낸 말이기 때문이다.

그 뒤 얼마 후 강헌이 역시 방배동 술자리에서 김민기를 만났다. "민기 형, 조용필에 대한 생각은 어떠세요"라고 물었다. 김민기의 대답은 놀라웠다. "너 내가 싫어한다고 말할 줄 알았지. 실은 나 조용필 좋아한다"고 했다.

강헌은 그 뒤 두 사람의 만남을 주선했다. 조용필이 자주 다니는 방배동 일식집에서 만나기로 한다. 약속한 당일, 3시간 전쯤 강헌은 김민기를 만나 시간을 때우다 택시를 타고 대학로에서 반포대교를 지나 방배동에 다다를 즈음, 김민기가 차 안에서 갑자기 침묵을 깼다. 낮고 묵직한 특유의 베이스 톤으로 "헌이야, 오늘 술값은 내가 낸다." 뜬금없는 얘기가 의외였다. 택시 안 짧은 시간이었지만 그걸 걱정하고 내린 결론이 "술값은 내가 낸다"였다. 강헌은 "그만 돌아가자"라고 말할 줄 알았다고 회고했다.

이제 중년(조용필 1950년생, 김민기 1951년생)의 두 사람이 만나야 할 시간은 다가오는데, 김민기의 표정은 마치 포먼과 세기의 매치를 앞둔 알리의 심정이라도 된 듯 보였다.

그런데 누가 먼저 약속 장소에 도착하느냐가 또한 걱정거리였다. 내놓고 무슨 문제가 있는 것도 아니고 감정싸움이나 자존심이 걸린 문제도 아니건만⋯. 걱정은 기우였다. 도착해서 식당에 들어서니 오너 셰프가 "조용필이 먼저 와서 방에서 기다리고 계신다"고 했다.

둘은 아무 말 없이 가볍게 악수하고 자리에 앉아 어색한 침묵 속에 시간만 보냈다. 그 침묵의 시간이 40여 분이나 됐다. 소주만 20병이 비워졌다. 세 사람은 정말 아무 말 없이 밤 10시 반이 될 즈음 그 식당을 나왔다. 밖은 추웠다. 조용필이 부근의 허름한 70년대식 풍경이 물씬 풍기는 카페로 인도했다. 종업원은 없었고 나이든 마담이 슈퍼스타의 등장에 눈이 휘둥그레지며 허름한 룸으로 안내했다. 위스키 한 병을 셋이서 나눠 마시고 또 침묵의 시간. 조용필이 갑자기 자리에서 일어나 구석에 있는 낡은 노래방 기기로 가더니 쪼그려 앉아 번호를 직접 누른다.

그 노래는 '아침이슬'이었다. 한국 최고의 가왕이 작곡가 김민기 앞에서 '아침 이슬'을 멋들어지게 열창했다. 서로 말은 없었지만 조용필이 '아침이슬'을 부름으로 해서 순간 실내공기는 밝아졌다. 서먹서먹한 눈 맞춤 하나로 보낸 긴 침묵의 시간이 '태양은 묘지 위'가 아닌 '두 전설의 어깨 위'에 타오르고 있었다.

'아침이슬', 시대의 아픔을 대변한 이름

김민기는 투사가 아니다. 그는 투사가 되기에는 너무 심성이 여린 사람이다. 그는 남들에게 자신의 노래에 대해 소개하고 또 설명하는 데 완강하게 반발했다. "노래라는 것은 만들어지면 부르는 사람이 임자지, 작곡자는 철저히 제3자가 되어야 한다"는 것이 그의 지론이었다. 그래서 그는 자신의 노래에 대해 이러쿵저러쿵 얘기하는 것 자체를 기피하다 못해 혐오했다. 김민기의 '본질'을 가장 정확하게 들여다 본 한겨레신문 2015년 4월 10일자 기사다.

"사람들의 기억 속에 그는 저항가요의 전설이었지만 그는 사실 투쟁가를 목청 높이 외쳐 부르게 하는 전사는 아니었다. 사람들이 스크럼을 짜고 최루탄을 마시며 그의 노래를 목이 터지게 부를 때나 탁자가 부서져라 군창을 할 때도, 그는 민통선 안의 폐가를 수리해서 땅을 일구고 묵묵히 농사를 지었다. 겨울에는 일거리가 없어서 충청도 탄광에 가서 광부 일을 하거나 목포 앞 김 양식장에 가서 일당 잡부를 하기도 했다. 세상 가장 낮은 곳에 몸을 수그린 채, 그는 무엇을 찾아 헤맸던 것일까?"

김민기는 인터뷰에서 "사각형이라는 건 그렇게 오래가지를 못한다고. 임시적인 방편이야. 인간이나 자연 어디를 보더라도 직선이라는 건 없어. 어느 시점에서 이렇게 사각형까지 해보자, 이런 거지. 사각형이 자기 주장이 되었을 땐 억지가 되기 쉽다"고 말한다.

김민기, 그리고 '아침이슬'은 1970~80년대 우리 시대의 아픔을 대표한 무한한 의미를 지닌 이름이고 노래다. 1970년대 이후 지금에 이르기까지 그의 노래를 불러보지 않은 기성세대가 몇 명이나 있을까?

그가 만든 노래는 역사가 되어 우리 시대를 관통하고 있다. 누군가 조용필의 노래는 가요계를 바꿨지만, 김민기의 노래는 세상을 바꿨다고 말한다.

김민기, 그의 노래를 들으면 가슴속에 눈물처럼 비가 내린다. 조용히 그의 노래 '친구'를 읊조려 본다.

검푸른 바닷가에 비가 내리면
어디가 하늘이고 어디가 물이요
그 깊은 바다 속에 고요히 잠기면
무엇이 산 것이고 무엇이 죽었소

눈앞에 떠오는 친구의 모습
흩날리는 꽃잎 위에 어른거리오
저 멀리 들리는 친구의 음성
달리는 기차바퀴가 대답하려나

눈앞에 보이는 수많은 모습들
그 모두 진정이라 우겨 말하면
어느 누구 하나가 홀로 일어나
아니라고 말할 사람 누가 있겠소

'돌아와요 부산항에' 앨범 표지

돌아와요 부산항에 (재일동포 모국 방문)

꽃피는 동백섬에 봄이 왔건만
형제 떠난 부산항에 갈매기만 슬피우네
오륙도 돌아가는 연락선마다
목메어 불러 봐도 대답 없는 내 형제여
돌아와요 부산항에 그리운 내 형제여

가고파 목이 메어 부르던 이 거리는
그리워서 헤매이던 긴긴날의 꿈이였지
언제나 말이 없는 저 물결들도
부딪쳐 슬퍼하며 가는 길을 막아섰지
돌아왔다 부산항에 그리운 내 형제여

17

목메어불러봐도

대답없는내형제여

'돌아와요 부산항에'는 재일본조선인총연합회(조총련)의 모국 방문과 관련이 많은 노래다. 1974년 8월 15일, 조총련계 청년 문세광이 광복절 기념식장에 신분을 위장하고 들어와 박정희 대통령을 향해 권총을 발사했다. 총알이 빗나가면서 박 대통령은 죽음을 면했지만 대신 영부인 육영수 여사가 목숨을 잃었다.

그러나 박정희는 보복 대신 조총련계 재일동포들에게 모국의 빗장을 열어주는 대승적 조치를 취했다. 이에 따라 이듬해 9월 13일 모국 방문단 698명이 2주 일정으로 부산항 제1부두로 입항했다. 이때 '돌아와요 부산항에'가 울려 퍼지면서 크게 인기를 얻게 된다.

'이별의 부산정거장', '부산갈매기' 등과 함께 부산을 상징하는 대표적 노래 중 하나인 '돌아와요 부산항에'는 모르는 사람이 없을 정도로 대단한 인기를 얻은 노래지만, 이 곡이 조용필이 아닌 다른 가수에 의해 먼저 불렸다는 사실을 아는 사람은 많지 않을 것이다.

가사가 다소 다르고 곡조의 느낌도 약간 다르지만 '돌아와요 충무항에'가 바로 그 노래이다. 가사는 다음과 같다.

꽃피는 미륵산엔 봄이 왔건만
님 떠난 충무항은 갈매기만 슬피우네
세병관 둥근기둥 기대여 서서
목메어 불러봐도 소리 없는 그 사람
돌아와요 충무항에 야속한 내 님아

무악새 슬피우는 한산도 달밤에
통통배 줄을 지어 웃음꽃에 잘도 가네
무정한 부산배는 님 실어 가고
소리쳐 불러 봐도 간 곳 없는 그 사람
돌아와요 충무항에 야속한 내 님아

"내 아들이 작사했는데..."
표절 시비

'돌아와요 충무항에'는 황선우가 작곡한 곡에 다 지금은 통영으로 통합된 충무 출신의 가수 김해일(본명 김성술)이 작사한 후 본인이 직접 노래를 불러 1970년 12월 16일에 발표했다. 그러나 '돌아와요 충무항에'는 당시에 거의 알려지지 못했다. 김해일은 음반 발표 후 별다른 활동을 안 하다가 군에 입대했고, 1971년 휴가를 나왔다가 그 유명한 '대연각 화재' 때 사망하고 말았다. 김해일의 사망 후 슬픔에 잠긴 유가족들은 음반을 전부 회수해 불살라버렸고 그렇게 이 곡의 존재는 완전히 잊히고 말았다.

그러나 작곡가 황선우는 이 곡이 사장되는 것을 안타까워하여 1972년에 다시 당시 무명가수였던 김석일과 '김트리오'('연안부두'를 부른 김트리오와는 다른 밴드)의 멤버였던 조용필에게 비슷한 시기에 각

'돌아와요 충무항에' 심의악보. 작사가로 '김성술'이 기재되어 있다

각 취입시킨다. 황선우는 제목을 원래 자신이 원했던 '돌아와요 부산항에'로 바꾸고 가사도 일부 수정했다. 하지만 두 가지 버전 모두 히트와는 거리가 멀었다. 1972년 '김석일 버전'은 일명 '돌아와요 해운대에'라고도 알려져 있는데, 그 이유는 2절 가사가 '해 저문 해운대에 달은 떴는데 백사장 해변가에 파도만 밀려오네'로 해운대가 등장하기 때문이다.

이 곡은 황선우가 작곡 겸 작사가로 기재되어 있지만, 가사의 상당수는 과거 김해일이 작사한 '돌아와요 충무항에'와 같았다. 이에 대해 작사자 김해일의 어머니가 2004년 가사 표절 소송을 제기했다. 재판 결과 3천만 원을 배상하라는 원고 일부 승소 판결이 났고, 이후 황선우가 김해일의 유족에게 1억 6천만 원의 합의금을 지불하는 것으로 가사 표절 논란은 일단락되었다.

4년 후인 1976년 조용필이 다시 이 곡을 빠른 템포로 편곡하고 가사의 일부를 수정하여 본인의 독집 앨범에 발표해 공전의 히트를 쳤다.

박성배 킹레코드 사장이 조용필에게 리메이크를 제의하며 이별한 연인을 보고 싶어 하는 가사를 헤어진 혈육을 그리워하는 내용으로 바꿨던 것이다. 조총련계 재일동포 모국 방문에 맞춘 조치였다. '돌아와요 부산항에 그리운 내 형제여' 부분의 원래 가사는 '그리운 내 님이여'였다. 결국 이 노래는 남녀 간의 애정·이별 노래에서 헤어졌던 부모·형제가 상봉하는 내용으로 바뀌었다.

노래는 경부선을 타고 서울로 상경했고 전국을 강타했다. 1950년 경기 화성에서 출생해 경동고를 졸업하고 '웨스턴 컨트리 그룹'을 조직해 주한 미군부대에서 음악인생을 시작한 조용필의 이름을 세상에 알리는 신호탄이었다.

이후에도 조용필은 이 곡을 다시 조금 더 경쾌한 고고 리듬으로 편곡하여 공전의 히트를 기록한 1980년 정규 1집에 수록하였는데, 굴곡 많은 '돌아와요 부산항에' 버전 중 가장 널리 알려진 곡이다.

정리하자면 '돌아와요 충무항에'를 포함한 '돌아와요 부산항에'는 김해일(1970년, 돌아와요 충무항에)→김석일(1972년, 돌아와요 부산항에, 개사)→조용필(1972년, 개사)→조용필(1976년, 개사 및 편곡)→조용필 (1980년, 편곡) 버전으로 진화한 것이다.

일본에서도 널리 불린 '돌아와요 부산항에'

'돌아와요 부산항에'는 한국에서 뿐만 아니라 일본에도 널리 알려져서 수많은 일본 가수들이 리메이크했다. 일본에서 정식 싱글로 처음 발매한 가수는 코믹 엔카 그룹 도노사마킹즈로, 1979년 '눈물의 부두'라는 곡으로 발매했다. 이후 1983년 아츠미 지로가 '부산항으로 돌아와요'라는 제목으로 정식 발매하면서 70만 장의 판매고를 올렸고, 현재 이 곡은 아츠미 지로의 대표곡 중 하나로 남아있다.

이 외에도 일본 '엔카의 여왕'이라 불리는 미소라 히바리도 이 곡을 리메이크하였고, '첨밀밀'을 부른 대만 출신의 유명가수인 등려군도 일본어 버전으로 이 노래를 불렀다. 등려군은 중국어 버전으로 최희준의 '하숙생', 한명숙의 '노란 샤스 입은 사나이'도 부른 바 있다.

일본에서 활약했던 김연자와 계은숙, 유명 미녀 엔카 가수인 야시로 아키, 모리 마사코, 흑인 엔카 가수 제로도 리메이크를 해서 불렀다. 일본 제목인 '釜山港へ帰れ'로 유튜브에 검색하면 20여 명 일본

가수들의 리메이크 곡을 볼 수 있다.

일본어 버전의 특징은 가사가 항구에서 돌아오지 않는 남자를 기다리는 여자라는 내용으로 수정이 되었으며, 독특하게도 가사 중간의 '부산항'과 후렴의 '돌아와요 부산항에'는 일본어로 번역하지 않고 한국어 발음 그대로 부른다.

'돌아와요 부산항에'는 '부산갈매기'와 함께 롯데 자이언츠의 야구 응원가로도 유명하다. 부산 사직구장에서 롯데가 7~9회 역전승했을 때 신문지의 물결과 함께 울려 퍼지는 '부산갈매기'와 '돌아와요 부산항에' 합창은 장엄하기까지 할 정도이다.

과거 마산야구장에서 롯데 자이언츠 제2 홈경기가 열릴 때는 가사의 '부산' 부분을 모두 '마산'으로 바꾸고 노래 제목도 '돌아와요 마산항에'로 바꿔 불렀으나 2012년 NC 다이노스가 창단된 이후부터 '돌아와요 마산항에'는 더 이상 불리지 않는다.

그러나 2014년부터 롯데 자이언츠가 울산 문수야구장에서 제2 홈경기를 열면서 이 경기장에서는 가사의 '부산' 부분이 '울산'으로 바뀌고 제목도 '돌아와요 울산항에'로 바뀌었다. 그러나 오륙도를 돌아서 울산항으로 가는 뱃길은 없다. 그래서 울산 홈경기에서는 '동백섬'과 '오륙도' 부분을 '방어진'으로 바꿔 부르고 있다.

재일동포 모국 방문,
전 국민을 울리다

　　　　　　　　1975년 추석, 국민들의 가슴은 뜨거웠다. 분단 30년 만에 처음으로 모국을 방문한 조총련계 재일동포들이 그토록 그리던 부모형제와 다시 만나는 모습은 국민들에게도 고향과 혈육의 의미를 다시금 깨닫게 해주었다.

조총련 동포들은 사상과 이념의 차이로 광복 후에도 고향으로 돌아오지 못했었다. 그들은 김포공항에서, 또는 부산항에서 보고픈 혈육과 상봉하면서 설움을 참지 못하고 오열을 터트렸다. 또 장충동 국립극장에서 열린 서울시민 환영대회에서 희극인 김희갑이 부른 '불효자는 웁니다' 노래에 회한의 눈물을 쏟았다. 가슴을 에는 김희갑의 노래는 장내를 울음바다로 만들었을 뿐 아니라 이를 지켜본 온 국민의 심금을 울렸다. 귀성단 권중식 대표의 답사를 보자.

"이 정답고 그리운 조국을 지척에 두고 지금까지 무엇을 하느라고 타향살이를 했는지 후회가 뼈에 사무칩니다. 우리들은 불효자식인데도 조국은 우리들을 뜨겁게 환영해 주었습니다. 우리는 오늘 조국에 돌아와서야 조총련이 우리를 지금까지 속여 왔다는 걸 절감했습니다. … 대한민국 만세! 우리 조국 만세!"

1975년 3월, 일본 오사카 총영사로 부임한 조일제는 취임식에서 놀라운 제안을 했다. 조총련 동포들의 과거 경력이나 사상은 물론,

북한 국적도 상관없이 남한의 고향을 방문하고 안전하게 돌아올 수 있도록 하겠다는 내용이었다. 이 제안은 재일동포들뿐만 아니라 한국 국민들에게도 충격적인 일이었다. 바로 한 해 전에 문세광의 육영수 여사 저격사건이 발생해 반일 감정이 전

1975년 9월 13일 조총련계 재일동포 모국방문단 1진 50여 명이 그리운 고국의 품에 안겼다

국을 뒤덮고 있는 가운데, 뒤이어 다가온 베트남 패망으로 안보위기 의식까지 높아진 상황이었다. 이런 엄중한 분위기 속에서 김영광 중앙정보부 판단기획국장이 직접 대통령에게 건의했던 '조총련 동포 모국방문 사업'이 이루어졌던 것이다.

가난 때문에, 또는 일제의 징용 때문에 현해탄을 건너야만 했던 재일동포들. 해방 후 대부분의 동포들은 고향으로 돌아갔지만 65만여 명은 일본에 남게 된다. 이들은 한반도의 분단과 함께 각각 남한과 북한 체제를 지지하는 민단과 조총련으로 갈라져 대립과 반목 속에 살아왔다.

모국 방문 사업은 북한의 전폭적인 지원을 받는 조총련의 세력이 위세를 떨치고 있던 가운데 시작되었다. 북송사업으로 북한으로 간 가족을 생각해야했던 조총련 동포들. 이들은 죽기 전에 고향 땅을

한 번이라도 밟아보고 부모형제 얼굴 한 번 보겠다는 일념 하나로 조
총련의 협박과 방해를 무릅쓰고 모국 방문길에 오르게 된 것이다.

포항제철은 물론 울산공단, 부천공단, 창원 산업단지 등을 두루
둘러 본 재일동포 모국 방문단의 감동은 이루 헤아리기 힘들 정도
였다.

"못사는 줄 알았던 조국 대한민국이 어느새 이렇게 성장했는가, 이
건 기적이다."

그들의 가슴은 요동쳤다.

해방 후 30년, 한 세대가 지난 시점에 고향을 다시 찾은 사람들.
조총련 동포들은 북한의 허위 선전에 속아 깜깜했던 조국의 발전상
에 놀라고 혈육을 만난 기쁨에 감격해했다. 뜨거운 기억을 안고 돌아
간 그들이 하나둘씩 민단으로 돌아서기 시작하면서, 조총련과 민단
의 판세가 역전된다.

공안통치와 국가보안법의 서슬이 시퍼렇던 시절, 박정희 대통령의
용단에 의해 추진된 조총련계 재일동포의 모국 방문은 일본에서 조
총련 세력을 와해시켰을 뿐만 아니라 다른 지역으로의 조총련 진출
을 막는 방파제가 됐다. 그리고 그 무엇보다도 소중한 사실은 자이니
치(在日)로 차별받으며 이국땅에서의 고단한 삶에 지친 동포들에게 큰
행복과 희망을 안겨준 일이었다.

'가왕'
조용필의 탄생

'돌아와요 부산항에'의 빅 히트로 명성을 얻기 시작한 조용필은 뜨거운 대중의 반응을 만끽하며 방송 출연 및 밤무대를 휩쓸었다. 그러나 그에게도 1970년대 연예계를 강타했던 대마초 파동이 그냥 비켜가지 않았다. 그는 대마초 파동에 휘말려 4년간 가요계를 떠났다가, 1979년 해금조치와 동시에 그룹 '조용필과 위대한 탄생'을 결성하면서 활동을 재개했다.

조용필은 1980년 정규 1집 음반 '창밖의 여자'를 발표했다. 조용필의 이 정규 1집 음반은 대한민국 최초로 100만 장 이상 팔린(밀리언셀러) 단일 음반이다. 이후 내놓는 앨범마다 빅히트하면서 1980년대 독보적인 최고의 가수가 된다.

조용필은 1980년부터 1986년까지 KBS, MBC 등 각 방송사의 가수왕상, 최고인기가수상, 최우수남자가수상 등 대중가요와 관련된 상을 휩쓸었다. 그는 1980년대 KBS·MBC 가수왕 합계 10번, KBS '가요톱텐' 1위 69번, 공연 횟수 합계 1,135번, 1999년 누적 앨범판매 1000만 돌파 등 한국 가요사에 전무후무한 기록을 세우기도 했다.

1986년 말 더 이상 가수왕에 오르지 않겠다는 선언을 한 뒤에는 거의 방송 활동을 하지 않고, 해외와 국내에서 라이브 공연에 주력하였다.

조용필은 록과 발라드, 트로트와 한국 민요를 리메이크하는 등 대중음악의 거의 모든 장르를 넘나들면서 1980년 1집 '창밖의 여자'를 시작으로 2013년 '헬로(Hello)'까지 총 19집의 앨범을 발표했다.

또한 그는 대한민국 가요계에서 '오빠부대'로 불리는 젊은 여성 팬층을 탄생시켰다. 당시 조용필이 무대에서 '비련'의 첫 소절인 '기도하는~'을 내지르면 장내는 "꺄악~", "오빠~"를 외치는 여성 팬들의 함성으로 뒤덮였다. 조용필은 1986년에 일본에 진출하여 발매한 앨범 '추억의 미아1'이 100만 장 이상 판매되는 대성과를 거두어 그 해 골든디스크상을 수상하였다.

조용필의 사랑,
그리고 이별

1984년 3월 1일. 당시 절정의 인기를 구가하던 조용필은 서울 역삼동 남서울호텔 커피숍에 지인 몇 명을 불렀다. 지인들이 영문을 몰라 어리둥절해하는 동안 약혼녀 박지숙(박찬 전 신민당 의원의 셋째 딸)이 도착했다. 갑작스런 그의 행동에 궁금해 할 시간 여유도 없이 조용필이 충격적인 발언을 했다.

"연락드린 분들이 다 모인 것 같으니 지금 바로 결혼식장으로 갑시다."

조용필 일행은 3대의 승용차를 나눠 타고 1시간 넘게 달려 경기도 남양주군 광릉수목원 근처의 봉선사로 향했다. 이곳이 바로 연예가에 전설처럼 회자되는 '조용필의 산사 극비 결혼식' 장소다. 조용필의 결혼은 매우 극적이다. 결혼 사실은 조용필과 매니저만 알고 있었을 뿐 신부가 될 박지숙조차 결혼식 직전에야 알았다. 결혼 장소도 전날 밤 11시에야 최종 결정됐다.

봉선사 주지였던 월운 스님이 주례를 맡고 하객은 동행한 일행 몇 명이 전부였다. 결혼 예물은 각자 끼고 있던 시계를 풀어 다시 채워주는 것으로 대신했다. 그러나 결혼생활은 행복하지 않았다. 두 사람은 신혼 초반부터 이상 징후를 보인다.

조용필은 결혼 다음날 해외 공연을 떠나 궁금증을 불러일으켰고, 1986년 3월 '박지숙이 수면제를 다량 복용해 자살을 기도했다'는 보도가 나오기도 했다. 두 사람은 결국 1988년 협의 이혼을 하게 된다.

이후 음반과 공연활동을 꾸준히 하던 조용필은 1994년 재미교포 사업가인 안진현과 결혼한다. 첫 결혼과는 달리 좋은 금슬을 보였다. 그러나 심장병에 걸린 안진현이 투병 끝에 2003년 세상을 떠나면서 조용필의 두 번째 결혼 생활도 끝이 났다. 조용필의 주변인들 말에 따르면 안진현의 사망 이후 조용필이 무척이나 힘들어했으며, 가수 생활을 접는 것을 고려하기도 했다고 한다.

조용필의 소속사인 YPC 프로덕션에 따르면 자녀가 없었던 안진현은 자신의 재산을 조용필에게 상속했다. 안진현은 미국 볼티모어에 있는 홀리데이인 익스프레스 호텔, 포토맥의 자택, 생명보험 등 약 1000만 달러(약 120억 원)의 유산 중 400만 달러를 조용필에게 상속한 것으로 알려져 있다.

유산을 상속하는 과정에서 안진현은 "음악교육에 보탬이 될 수 있도록 해달라"는 유언을 조용필에게 남긴 것으로 알려졌다. 조용필은 상속받게 된 유산 24억 원을 음악교육 사업이 아닌 심장병 어린이 돕기 등 사회사업에 기증하겠다고 밝혔다.

하지만 조용필은 아내를 잃은 슬픔에서 오랜 시간 헤어 나오지 못했다. 사별 이후 조용필은 약 3년이 넘는 시간 동안 작곡을 하지 않았다. '헬로(Hello)' 쇼케이스 당시 조용필은 "2003년 아내를 잃은 뒤 음악 활동을 하지 않았다. 그 이후 만든 곡들은 마음에 차지 않았다"며 아내와 사별한 뒤 음악 활동을 멈춘 이유를 설명했다.

아내를 향한 조용필의 그리움은 현재 진행형이다. 조용필은 아내의 생일을 맞아 묘소를 찾기도 했다. 조용필의 처제가 이 사실을 SNS에 공개하면서 여전한 순애보를 알렸다. 뿐만 아니라 먼저 떠난 아내를 그리워하는 마음을 음악으로 표현하기도 했다. '진(珍)'이라는 곡은 떠난 아내를 위한 헌정곡이다. 콘서트에서 '진'이라는 노래를 부르며 우는 모습이 자주 목격되어 주변인들이 위로의 말을 전하기도 했다.

남인수, 이미자, 나훈아 그리고 조용필

한국 가요사에 있어서 최고의 가수는 누구이며 최고의 노래는 무슨 곡일까?

좀 오래된 조사이지만 1999년 12월 22일 MBC가 '20세기 한국인의 노래 100곡'에 관해 서울시민 1,011명을 대상으로 벌인 설문조사 결과를 발표했다. 1위는 조용필의 '돌아와요 부산항에'였고, 김정구의 '눈물 젖은 두만강', 양희은의 '아침이슬', 민요 '아리랑' 그리고 이미자의 '동백아가씨'가 뒤를 이었다. 최고의 가수로는 조용필, 나훈아, 이미자, 조성모, 송대관, 설운도, 현철, 엄정화, 김건모, 주현미 등이 꼽혔다.

　　같은 해 동아일보도 한 세기 동안 대중음악사를 수놓았던 국내 주요 뮤지션 10명을 정리했다. '이난영, 남인수, 현인, 이미자, 패티김, 나훈아, 김민기, 신중현, 조용필, 서태지와 아이들'이 그들이다. 동아일보 기사의 조용필에 대한 평가는 다음과 같다.

> "20세기의 단 한 뮤지션을 꼽으라면 이 사람이다. 포크를 계승한 한국 가요 문법의 완성, 보컬과 작곡의 한국적 정체성, 밴드와 녹음에 대한 집중투자, 서구 팝에 대한 한국 가요의 시장 우위 확립 등 업적이 찬란하다."
>
> —1999년 12월 28일자 15면

　　한국 가요사에는 수많은 스타 가수들이 명멸했다. 1940~50년대 쌍벽을 이루며 가요계를 양분했던 남인수와 현인, 1960년대 '엘리지의 여왕' 이미자와 최희준, 최양숙, 김상희, 남진, 나훈아, 그리고 배호와 신중현, 문주란 등이 가요사에 한 획을 그었다.

유행가는 역사다

1970년대 들어서선 김민기와 양희은, 송창식 등이 포크 음악의 새 장을 열었고, 하춘화, 송대관, 최헌, 윤수일 등이 당대를 풍미했으며 혜은이-이은하의 라이벌 구도도 있었다. 1980년대에는 조용필의 독주에 맞서 이용과 전영록, 그리고 윤시내, 심수봉, 주현미, 현철, 태진아, 설운도, 이문세, 김수철, 정수라, 나미, 이선희 등이 각축을 벌였다.

1990년대 이후엔 변진섭, 신승훈, 김건모, 조성모, 장윤정, 백지영 등이 가요계를 주름 잡았고, 서태지와 아이들, H.O.T, god, 핑클, 보아, 비, 동방신기, 슈퍼주니어, 빅뱅, 소녀시대 등이 새로운 음악세계를 개척했다. 한편 싸이와 방탄소년단(BTS)은 미국 빌보드 차트 최상위권에 오르면서 한국을 넘어 글로벌 가수로 자리매김하기도 했다

이 많은 가수들 중 가장 뛰어난 Top5를 꼽으라면 나는 '이미자, 나훈아, 신중현, 조용필, 서태지' 이렇게 5명을 꼽을 것이다. 그리고 그 중 또 한 명만 꼽으라면 누가 뭐래도 주저 없이 '조용필'을 선택할 것이다.

조용필은 그런 가수다.

그때 그 사람 (10·26 사태)

'그때 그 사람' 앨범 표지

비가 오면 생각나는 그 사람
언제나 말이 없던 그 사람
사랑의 괴로움을 몰래 감추고
떠난 사람 못 잊어서 울던 그 사람

그 어느 날 차 안에서 내게 물었지
세상에서 제일 슬픈 게 뭐냐고
사랑보다 더 슬픈 건 정이라며
고개를 떨구던 그때 그 사람

외로운 병실에서 기타를 쳐주고
위로하며 다정했던 사랑한 사람
안녕이란 단 한마디 말도 없이
지금은 어디에서 행복할까
어쩌다 한 번쯤은 생각해줄까
지금도 보고 싶은 그때 그 사람

외로운 내 가슴에 살며시 다가와서
언제라도 감싸주던 다정했던 사람

그러니까 미워하면 안 되겠지
다시는 원망해서도 안 되겠지
철없이 사랑인 줄 알았었네
이제는 잊어야할 그때 그 사람
이제는 잊어야할 그때 그 사람

18

내
무
덤
에
침
을
뱉
어
라

'그때 그 사람'은 가수 심수봉에게 영광과 좌절을 동시에 안겨준 영욕의 노래다.

1978년 제2회 MBC 대학가요제에 참가한 당시 명지대 3학년 심수봉(본명 심민경)은 자신이 직접 작곡·작사한 '그때 그 사람'으로 무대에 올라 배철수(활주로), 노사연, 임백천 등 쟁쟁한 참가자들과 경쟁했다.

포크송과 록 음악이 대세였던 당시 대학가요제에서 창작 트로트 곡으로 출전한 여대생 가수의 첫 등장은 가요제 관객과 이를 TV로 지켜보던 시청자 모두를 당황하게 했다. 하지만 직접 연주한 경쾌한 피아노 반주에 맞물린 애절한 노래는 청중의 열광적인 반응을 이끌어냈다.

이제껏 들어본 적이 없는, 전혀 다른 감각의 창작 트로트였다. 관객들의 반응에 심수봉은 내심 좋은 성적을 기대했으나 "가창력은 돋보였지만 곡의 리듬이 대학가요제의 순수한 성격에 맞지 않는다"는 이유로 수상에는 실패했다.

심수봉의 '그때 그 사람'은 대학가요제에서 입상을 하지는 못했지만, 대상 수상곡 '밀려오는 파도소리에'(부산대 중창단 '썰물')나 금상을 받은 노사연(단국대)의 '돌고 돌아가는 길', 은상을 받은 배철수가 속한 활주로(항공대)의 '탈춤'보다 더 떴다. '그때 그 사람'은 이듬해인 1979년 최고의 히트곡으로 떠오르면서 각종 가요 순위를 석권했다.

심수봉은 1955년 충남 서산에서 태어났다. 어릴 때부터 이미자의 노래를 구성지게 불러 동네 스타였던 그녀는 1972년에 판소리 국악 소리가로 첫 데뷔했다. 1974년부터 미8군 무대 록 뮤직 드러머로 활동했고 1978년 '여자이니까'라는 노래로 정식으로 가수 활동을 시작했다.

그녀의 집안은 유명한 소리꾼 가문이다. 증조부 심팔록은 피리와 가야금 명인, 조부 심정순은 가야금 명인이자 판소리 명창, 부친 심재덕은 민요 채집가로 이화여대와 숙명여대에서 국악 강의를 하기도 한 예인이다. 또 당숙 심사건은 판소리 인간문화재, 고모 심화영은 충남도 지정 무형문화재 제27호 서산 승무 예능 보유자다.

심수봉의 대통령 술자리 동석은 10·26 때가 처음이 아니었다. 그녀는 1975년에 처음으로 대통령 연회에 초대받아 박정희 앞에서 노래를 불렀다. 이후 심수봉은 몇 차례 더 대통령 연회에 초청을 받게 된다. 그러다가 '그때 그 사람'이 빅 히트한 이후인 1979년 10월 26일 궁정동 연회장에 초청되어 노래

1979년 박정희 대통령 서거 재판에 증인으로 출두한 심수봉(왼쪽)과 신재순

를 부르다가 10·26 사태에 휘말리게 된다.

심수봉은 전두환 보안사령관이 본부장인 합동수사본부의 조사를 받고 무혐의로 풀려났지만 시대적 상황 때문에 방송금지 조치를 당하고 정신병원에 감금되는 등 갖은 핍박을 당해야만 했다.

"탕!"
역사를 바꾼 궁정동의 총성

1979년 10월 26일 저녁 7시 45분. 서울 종로구 궁정동 안가에서 울린 한 발의 총성이 역사를 바꿨다. 만찬장이던 나동 안방에는 당시 유신정권을 이끌고 있는 수뇌부가 집결해 있었다. 박정희 대통령과 김계원 비서실장, 차지철 경호실장, 김재규 중앙정보부장이 그들이다.

안방과 마루를 사이에 둔 경호원 대기실에는 경호처장 정인형, 경

호부처장 안재송과 중앙정보부 의전과장 박선호가, 밖의 제미니 승용차에는 중앙정보부장 수행비서관 박흥주 대령이 대기했다. 50m 떨어진 본관 1층 회의실에서는 정승화 육군참모총장이 김재규를 대신한 김정섭 중앙정보부 차장보와 식사를 하고 있었다.

연회가 시작된 지 한 시간쯤 지나 김재규는 옆 건물에서 자신을 기다리던 정승화에게 갔다. 김재규는 정승화에게 대통령과의 식사가 곧 끝나니 조금 더 기다려 달라고 말했다. 김재규는 2층 집무실에서 권총을 꺼내 온 뒤, 박선호와 박흥주를 불러 엄청난 얘기를 꺼냈다.

"시국이 위험하다. 나라가 잘못되면 우리도 다 죽는다. 오늘 저녁 해치우겠다. 방 안에서 총소리가 나면 너희들은 경호원을 제압하라. 불응하면 발포해도 좋다."

둘이 당황한 기색을 보이자 김재규는 "육군참모총장과 우리 2차장보도 와 있다"면서 "각오는 되어 있느냐"고 되물었다. 박선호가 얼떨결에 "각하까지입니까?"라고 묻자 김재규는 "응" 하고 대답했다.

박선호가 "경호원이 7명(사실은 4명)이나 되는데, 다음 기회로 미루면 어떻겠습니까?"라고 묻자 김재규는 "오늘 하지 않으면 보안이 누설된다. 똑똑한 놈 세 명만 골라서 나를 지원하라. 다 해치운다"고 단호하게 말했다. 박선호는 30분만 여유를 달라고 부탁했다.

그날 궁정동 안가의 술자리는 왠지 분위기가 다른 날과 달랐다. 술상 위에는 여러 가지 안주와 함께 박정희가 즐기는 양주 '시바스 리갈' 몇 병이 놓여 있었다. 이 자리에서 정치 이야기를 나누면서 제명당한 김영삼의 이야기가 나오자 박정희는 "김영삼을 구속기소했어야

하는데 마음 약한 유혁인 정무수석이 말려서 그만 두었더니 후유증이 더 크다"며 얼굴이 순간 일그러졌다.

누군가가 분위기를 좀 풀어보라며 심수봉에게 노래를 시켰다. 그녀는 기타를 치며 자신의 히트곡 '그때 그 사람'을 부르기 시작했다. 좌중에 술잔이 몇 순배 돌았다. 이어서 차지철이 답가를 불렀고 차지철의 지명으로 그 다음은 모델로 활동하던 대학생 신재순 차례가 되었다.

신재순은 심수봉의 기타 반주에 맞춰 "사랑해 당신을 정말로 사랑해, 당신이 내 곁을 떠나간 뒤에 얼마나 눈물을 흘렸는지 모른다오…" 노래를 시작했다. 박정희도 애상에 잠겨 후렴구인 '예이예이예이 예예 예예 예예'를 나지막이 따라 불렀다.

이 순간 김재규가 오른손으로 옆에 앉은 김계원의 허벅지를 툭 쳤다. 그리고는 오른쪽 바지 호주머니에서 권총을 뽑아 차지철을 겨냥해 방아쇠를 당겼다.

"탕!"

총성과 함께 차지철이 "김 부장, 왜 이래!"라고 소리치며 팔을 움켜쥐고 일어났다.

"경호원, 경호원!"

경호원을 불렀지만 대답은 없었다.

"뭣들 하는 거야!"

박정희의 노기어린 목소리가 들렸다. 김재규는 일어서면서 "각하, 정치를 좀 대국적으로 하십시오"라고 말하며 정좌한 채 눈을 감은 박정희에게 총을 쐈다. "내가 잘 했는지 못 했는지는 역사가 증명할 것이다"라며 자신 있게 "내 무덤에 침을 뱉어라"라고 말했던 박정희의 마지막 모습이었다.

연회장에서 김재규가 첫 발을 쏘았을 때 경호처장 정인형과 부처장 안재송은 박선호와 대기실에서 TV를 보고 있었다. 해병대 동기인 정인형과 박선호는 휴가를 같이 가는 둘도 없는 친한 친구였다. 상황을 예측하고 있던 박선호는 총소리와 함께 먼저 총을 꺼내들었다.

박선호는 "꼼짝 마!"라고 소리치며 정인형에게 "우리 같이 살자"고 애원조로 말했다. 국가대표 사격선수 출신으로 속사에 능한 안재송이 총을 뽑으려 하자 박선호의 총이 불을 뿜었고, 정인형도 총을 뽑으려 하자 박선호의 총이 다시 친구를 쓰러뜨렸다.

같은 시각, 총이 고장 나 뛰어나온 김재규는 박선호로부터 방금 친구를 쏜 38구경 리볼버 5연발 권총을 낚아채고 돌아와 차지철을 쏜 뒤 쓰러진 박 대통령의 머리 50cm까지 총구를 들이대고 '야수의 심정'으로 마지막 방아쇠를 당겼다.

민주화 의거인가, 우발적 행동인가

"군의관 있는 대로 다 나와! 이 사람 살려야 돼!"

7시 55분, 경복궁 동쪽 국군서울지구병원에 도착한 김계원 비서실장이 소리를 질렀다. 군의관 정규형 대위가 20분 동안 응급소생법을 시도했지만 회생불능이었다. 정 대위는 "넥타이핀의 도금이 벗겨졌고 혁대도 해져 있어서 각하라고는 상상도 할 수 없었다"고 진술했다.

총성이 울린 지 2~3분 뒤 맨발로 안가 본관에 뛰어든 김재규는 정승화 육참총장을 자기 차에 태웠다. 김재규는 엄지손가락을 펴서 세우더니 가위표를 했다.

"각하께서?"

정 총장은 순간 차지철의 소행으로 판단했다고 한다. 김재규와 정 승화를 태운 차는 세종로를 지나 삼일 고가도로에 들어섰다. 질주하던 차 앞에 갈림길이 나타났다. 남산 중앙정보부로 갈 것인가, 용산 육군본부로 갈 것인가? 선택의 기로에 섰다. 그 순간 "병력 배치를 하려면 육본 벙커가 좋겠다"는 정 총장의 말을 김재규가 따랐다.

김재규의 차가 용산행을 택하면서 상황은 완전히 바뀌게 됐다. 중앙정보부장 김재규의 차가 남산 중앙정보부 건물로 가 지휘소를 차리고 정부 요인들을 소집했다면 역사는 크게 달라졌을지도 모른다.

"비상계엄령을 선포하고 48시간 동안 비밀에 붙여야 합니다!"

밤 9시30분, 육군본부 벙커 총장실에 모인 최규하 총리와 국무위원들 앞에서 김재규가 상기된 목소리로 말했다. 신현확 부총리와 일부 장관들은 "밑도 끝도 없이 계엄령이라니, 서거 사유를 대라"며 반발했다. 11시 30분, 김계원 비서실장에게서 "김재규가 범인"이란 말을 들은 정승화 총장은 김진기 헌병감에게 김재규 체포를 지시했다.

보안사 오일랑 중령 등에 의해 체포된 김재규는 보안사 참모장의 승용차에 태워졌다. 정동 보안사 분실로 가던 김재규 호송차는 운전병의 실수로 그 옆 정보부 분실 앞에 섰다. 앞으로 나오는 경비병을 보고 김재규는 반가운 듯 "우리 분실이구만"이라고 했다. 오 중령은 황급히 차를 돌리게 했다.

27일 새벽 2시 30분, 김재규가 서빙고 분실로 도착한 뒤부터 그의 '굴욕'이 시작됐다. 6개월 전 자신이 상을 준 보안사 수사관으로부터 30분 동안 두들겨 맞았다. 심문 과정에서 전기고문까지 당했다고 한다.

김재규는 이듬해인 1980년 군법회의에서 내란목적살인, 내란수괴미수, 증거은닉, 살인 등의 죄목으로 사형 선고를 받았다. 김재규는 10·26 사태에 대해 줄곧 민주화를 위한 의거라고 주장했다. 그의 최후 변론을 들어보자.

"저의 10월 26일 혁명의 목적을 말씀드리자면 다섯 가지입니다. 첫 번째가 자유민주주의를 회복하는 것이요, 두 번째는 이 나라 국민들의 보다 많은 희생을 막는 것입니다. 또 세 번째는 우리나라를 적화로부터 방지하는 것입니다. 네 번째는 혈맹의 우방인 미국과의 관계가 건국 이래 가장 나쁜 상태이므로 이 관계를 완전히 회복해서 돈독한 관계를 가지고 국방을 위시해서 외교 경제까지 보다 적극적인 협력을 통해서 국익을 도모하자는 데 있었던 것입니다. 마지막 다섯 번째로 국제적으로 우리가 독재 국가로서 나쁜 이미지를 갖고 있습니다. 이것을 씻고 이 나라 국민과 국가가 국제 사회에서 명예를 회복하는 것입니다. 이 다섯 가지가 저의 혁명의 목적이었습니다"

5월 24일, 김재규는 박선호, 유성옥, 이기주, 김태원과 함께 서울구치소에서 형장의 이슬로 사라진다. 박홍주 대령의 경우는 현역 군인인 관계로 군사재판이 단심으로 끝나 다른 가담자들보다 빠른 3월 6일 육군교도소 내에서 총살형에 처해졌다. 육사 18기 출신의 청렴하고 강직했던 군인 박홍주는 하늘을 보고 싶다며 눈을 가리지

1979년 10·26 사태 현장검증에서 차지철 경호실장과 박정희 대통령의 저격 당시 상황을 재연하고 있는 김재규

말고 사형 집행을 해달라고 요청했다. 그는 총살형이 집행되기 직전 "대한민국 만세!", "대한민국 육군 만세!"를 외쳤다.

10·26 사태는 유신체제를 무너뜨린 획기적 사건임에 틀림없다. 그러나 김재규가 주장하는 것처럼 민주화를 위한 의거냐, 아니면 민주화 주장이 자신의 행동을 합리화하기 위해 서둘러 만들어 낸 사후 명분에 불과한 것이냐에 대해서는 의견이 갈린다. 두 주장 모두 나름의 일리가 있다.

심수봉, 고난의 삶 딛고
날개를 펴다

10·26 사태 이후 견디기 힘든 고난의 시간을 보낸 심수봉은 1984년 방송활동 금지가 풀리면서 '남자는 배 여자는

항구'를 히트시키며 다시 재기할 수 있었다. 그리고 이듬해인 1985년 발표한 '무궁화'라는 곡도 크게 히트했지만 방송 하루 만에 금지 조치를 당했다.

심수봉은 과거 한 방송에 출연해 '무궁화'가 금지곡이 된 이유에 대해 "참모급 인사가 직접 방송국으로 달려왔다. 노래가 한 번 나갔을 뿐인데 '포기하면 안된다', '눈물 없인 피지 않는다'가 대중을 선동하는 노래라는 말이었다. 그때는 예민했을 시기라 선동하는 가사로 생각했던 것 같다. 방송·공연 윤리에 다 통과된 곡인데도 불구하고 알아서 쉬쉬했다. 그래서 또 금지곡이 됐다"고 털어놨다. '무궁화'의 가사는 아래와 같다.

이 몸이 죽어 한 줌의 흙이 되어도
하늘이여 보살펴 주소서 내 아이를 지켜주소서
세월은 흐르고 아이가 자라서
조국을 물어오거든
강인한 꽃 밝고 맑은 무궁화를 보여주렴
무궁화꽃이 피는 건 이 말을 전하려 핀단다
참으면 이긴다 목숨을 버리면 얻는다
내일은 등불이 된다 무궁화가 핀단다

날지도 못하는 새야 무엇을 보았니
인간의 영화가 덧없다 머물지 말고 날아라

조국을 위해 목숨을 버리고

하늘에 산화한 저 넋이여

몸은 비록 묻혔으나 나라를 위해 눈을 못 감고

무궁화꽃으로 피었네 이 말을 전하려 피었네

포기하면 안된다 눈물 없인 피지 않는다

의지다 하면 된다 나의 뒤를 부탁한다

이 노래는 한때 세간에서 박정희를 생각하며 만든 노래라는 이야기가 돌았지만, 사실 여부는 알 수 없다. 심수봉은 2009년 자신의 데뷔 30주년 기념공연에 당시 한나라당 대표이던 박근혜를 초청한 일이 있다. 이 노래는 '박근혜 탄핵 무효'를 주장하는 태극기 집회에서 많이 불리는 노래이기도 하다.

10·26 후 파란으로 점철된 삶의 여정 때문인지 그녀의 노래들은 애간장을 녹이는 애절함이 뚝뚝 묻어난다. 1980년대 중반 이후 '사랑밖에 난 몰라', '비나리', '미워요', '백만 송이 장미' 등 발표하는 노래마다 히트하면서 심수봉은 국민가수의 반열에 올랐다.

10·26 사태에 휘말려 굴곡진 삶을 살아 온 그녀, 이제 '꽃길'만 걷기를….

바윗돌 (5·18 광주 민주화운동)

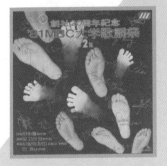

'바윗돌'이 수록된 제5회
대학가요제 앨범 표지

찬비 맞으며 눈물만 흘리고
하얀 눈 맞으며 아픈 말 달래는 바윗돌
세상만사 야속 타고 주저앉아 있을소냐
어이 타고 이내 청춘 세월 속에 묻힐소냐

굴러 굴러 굴러라 굴러라 바윗돌
한 맺힌 내 가슴 부서지고 부서져도
굴러 굴러 굴러라 굴러라 바윗돌
저 하늘 끝에서 이 세상 웃어보자

안개 낀 아침에는 고독을 삼키고
바람 불던 날에도 설운 말 달래는 바윗돌
세상만사 야속 타고 주저앉아 있을소냐
어이 타고 이내 청춘 세월 속에 묻힐소냐

굴러 굴러 굴러라 굴러라 바윗돌
한 많은 내 가슴 부서지고 부서져도
굴러 굴러 굴러라 굴러라 바윗돌
저 하늘 끝에서 이 세상 웃어보자

굴러 굴러 굴러라 굴러라 바윗돌
저 하늘 끝에서 이 세상 웃어보자
아~~아~아~아~ 바윗돌

19

죽음을 넘어

시대의 어둠을 넘어

일반적으로 '오월 광주'에 대한 노래를 꼽으라면 '임을 위한 행진곡'
이나 '꽃잎처럼 금남로에 뿌려진 너의 붉은 피…'로 시작되는 '오월의
노래' 등 운동가요를 떠올리게 된다.

그러나 대중가요 중에서도 '5·18'과 관련된 노래들이 있다는 사실
을 아는 사람들은 많지 않다. '바윗돌'이 그 중 하나다.

1981년 MBC 창사 20주년 기념으로 성대하게 열렸던 제5회 대학
가요제. 당시 한양대 경영학과 1학년 정오차는 자신이 작곡·작사한
'바윗돌'로 당당히 대상을 수상했다. 광주 출신인 그는 광주일고 졸업
후 군복무를 마친 복학생이었다.

뭔가 답답하고 우울했던 젊은 세대의 마음을 대변하듯 시원하고

파워풀한 가창력이 압권이었던 그의 노래는 꽉 막힌 가슴을 시원하게 뚫어준 청량제 같았다. 하지만 이 노래는 대학가요제 사상 최초로 시대적 상황 때문에 금지곡이 된 불행한 곡으로 기록되어 있다.

정오차가 부른 '바윗돌'은 대학가요제 대상 수상 후 한 달 정도 방송에 줄기차게 나오다 어느 라디오 프로그램 출연 후 한 순간에 사라진 방송 금지곡이다. 당시 진행을 맡았던 아나운서가 '바윗돌'이란 노래 제목이 무엇을 의미하냐고 묻자 정오차는 "광주에서 죽은 친구의 영혼을 달래기 위해 만든 노래고 '바윗돌'은 친구의 묘비를 의미합니다"라고 대답했다. 엄혹했던 시절, 방송이 나간 후 정보기관과 방송국에서 난리가 났다. 다음 날 이 노래는 '불온사상 내포'란 이유로 곧바로 금지 조치가 내려졌다. 시대의 아픔을 은유적 가사와 우렁찬 창법으로 노래했던 '바윗돌'은 대중들에게 잊혀 갔다.

대학 졸업 후 은행에 입사해 국민은행 지점장을 지내는 등 금융인으로 변신한 정오차는 직장 행사 등에서 노래를 하며 아쉬움을 달랬다. 또 대학가요제 입상자 모임을 결성해 꾸준히 무대에 오르며 음악의 꿈을 여전히 놓지 않고 있다.

"전두환을 찢어죽이자"
시민들 봉기

5·18 광주 민주화운동은 '광주민중항쟁', '광주시민항쟁', '광주항쟁', '광주의거', '5·18의거' 등으로 불리지만, 한때

'광주소요사태', '광주사태', '광주폭동' 등으로 지칭되기도 했다.

1980년 5월 13일 서울에서의 가두진출에 자극을 받은 광주의 대학생들은 14일과 15일 거리로 나섰다. 5월 16일 다른 지역에서는 소강국면에 접어들었으나 광주에서는 야간에 횃불시위가 감행되었다.

5월 18일 0시 5분경 정동년 등 광주 지역의 복학생과 총학생회 간부들이 예비 검속되었으며, 1시경 광주 일원에 공수부대가 투입되고 각 대학에 계엄군이 진주하였다. 이런 배경에서 결행된 5월 18일의 학생시위는 저항의 신호탄이었다.

휴교령이 내려질 경우 교문 앞에서 집결한다는 결의에 따라 학생들은 전남대 앞에 모였다. 공수부대원들은 전남대 앞 시위를 적극 저지하였고, 대학생들은 광주역에 재집결해서 시위를 했다. 시위대가 점차 늘어나면서 공수부대원들이 시내에서 시위진압에 나섰으며, 18일 오후 1시부터 무차별 진압작전이 이루어져 부상자가 속출했다.

군인들이 금남로 등 시내 중심가에서 학생으로 보이는 청년이나 여자를 마구 구타하고 짓밟는 등의 잔혹 행동을 하자 시민들은 크게 동요했다. 이에 시위대는 오후 4시 이후 파출소 파괴 등 적극 공세에 나섰다. 시민들은 '살인마 전두환을 찢어죽이자!'는 플래카드를 들고 도심을 행진했다.

계엄군의 과잉 무력진압은 시위를 해산시키는 데는 성공하였으나 오히려 시민들을 격분시켰으며, 19일 시민·학생 연대가 형성되는 계기를 제공하였다. 19일 오전에는 일시적 소강상태였으나 오후 들어서 분노한 학생·시민들이 군·경찰과 공방전을 벌이면서 시위는 점차 격화되었다. 단순한 학생시위에서 시민봉기라는 새로운 국면으로 전환되고 있었던 것이다.

계엄군은 시위대를 포위하여 구타하였으며 일부 고등학생까지 포함된 시위대는 돌과 화염병으로 저항하였고 파출소와 방송국 등에 침입하였다. 뒤처진 공수부대를 공격하거나 고립된 차량을 포위하기도 하였으며 총과 방패를 빼앗기도 하였다. 오후 4시 50분 시민들에게 포위된 계엄군의 장갑차에서 최초의 발포가 있었다.

1980년 5월 계엄령 철폐를 외치는 광주 시민들이 금남로에서 공수부대와 대치하는 모습

19일 밤비가 내리는 가운데 시위가 산발적으로 계속되었으며, 20일 오전 비가 그치고 오후부터 다시 시위가 시작되었다. 20일 오후 6시부터 택시와 버스 운전기사들이 광주역과 무등경기장에 모여 대형 버스와 트럭을 앞세우고 일시에 금남로에 집결하기 시작하였다. 시위대는 전남도청을 지키는 군경을 포위하고 공세를 계속하였으며 시위는 밤까지 계속되었다. 그 과정에서 광주MBC와 노동청, 세무서 등이 시위대에 의해 불탔다.

오월 광주,
붉은 꽃잎이 되어 흩어지다

전남도청과 광주역을 제외한 전 지역이 시민

유행가는 역사다

들의 손에 장악되면서 수세에 몰린 공수부대는 20일 밤 11시 경 시위 군중을 향해 집단발포를 감행하였다. 광주역 앞의 시위대는 날이 밝자 사망한 두 구의 시체를 리어카에 싣고 도청으로 향했다.

20일부터 양측에서 사상자가 발생하였으며 계엄군에게 실탄이 지급되었다. 많은 희생자를 냈던 20일 밤의 충돌로 시민들은 무장의 필요성을 절감하고 21일 오전 아세아자동차 공장에서 장갑차와 군용차량을 탈취하였다.

이에 계엄군은 정오경 도청에서 시위대에 사격을 하였으며 결국 시민들은 무장을 위해 오후 1시경부터 화순·해남·나주 등 광주의 인근 시외지역에 진출하여 무기를 탈취하였고 일부 농민들도 시위에 참여하게 되었다. 오후 3시경부터 시민들에게 무기들이 지급되어 계엄군과 시가전이 벌어졌다. 시민봉기가 무력항쟁으로 전환되었던 것이다.

21일 오후 5시부터 8시 사이에 계엄군은 광주에서 외곽지역으로 퇴각하였다. 5월 22일 아침부터 27일까지 광주를 장악한 시민군은 자치활동을 수행하였는데 23일 오후부터 매일 오후 2시에 민주수호 범시민궐기대회를 열어 투쟁목표를 재확인했다.

그러나 22일 오후 도청에서 도청간부까지 참여하여 수습대책위원회가 구성되었지만, 무기 회수를 둘러싸고 수습위 내부는 물론 시민들 사이에서도 의견이 크게 엇갈렸다. 일부 시민은 무기를 반납하였으며 일부는 끝까지 싸울 것을 주장해 이러한 갈등은 결국 강·온 대립을 낳았다.

이에 강경파 학생들은 범시민궐기대회를 통해 수습대책위원회를

비판하고 25일 밤 10시 새로운 투쟁지도부를 자
처한 민주시민투쟁위원회를 구성하였다. 자발적
인 시민단체들은 시민자치와 민주주의공동체 구
현에 대해 새로운 시도를 하려 했으나 그 기간
이 너무 짧았다. 27일 새벽 외곽도로를 봉쇄하
고 탱크 등으로 무장한 2만 5,000여 계엄군의
대대적인 무력진압이 감행되었다. 도청에 있던
시민군이 오전 5시 22분에 전원 연행됨으로써

5·18 광주 민주화운동 때 총상
을 입고 숨진 아버지 조사천 씨
의 영정을 안고 있는 다섯 살
때의 조천호 씨

광주지역은 계엄군에 넘어갔으며, 아침 7시 30분경부터 밤 10시 50분
경까지 가택수색이 이뤄졌다. 시위 관련자들은 상무대로 연행되었다.

결국 5·18 광주 민주화운동은 수많은 사상자를 내면서 막을 내렸
다. 검찰·국방부의 1995년 7월 18일 발표에 의하면 사망자는 193명
인데 이 중 군인 23명, 경찰 4명, 민간인 166명이다. 부상은 852명으
로 확인되었다.

5 18 광주처럼 고립된 섬
'바위섬'

'5·18'을 노래한 가요는 '바윗돌' 말고도 또 있
다. 바로 김원중의 '바위섬'이다.

1980년 5월 18일 당시 김원중은 전남대 2학년이었지만 '운동권'은
아니었다. 공부보다 기타치고 노래 부르는 게 좋았다. 그의 말대로 '속

없는' 학생이었다. 그런 김원중이 5·18 현장에 있었다. 그는 "그 상황을 눈으로 봤다면 누구나 동조했을 것이다"라고 말한다.

김원중은 지역 선후배들과 만든 그룹사운드 '로터스'에서 활동했다. 5·18이 지나고 군을 제대한 그는 복학 준비를 하고 있었다. 어느 날 함께 어울리던 조선대생 배창희가 '바위섬'이라는 노래를 들고 왔다. 배창희는 전남 고흥 소록도에 갔다가 가사를 쓰고 곡을 만들었다고 했다. 그 고립된 섬의 모습이 마치 5·18 당시 광주와 같은 느낌이 들었다는 것. 당시 계엄군은 외부로부터 광주를 철저히 고립시키는 작전을 폈다. 광주에서 나갈 수도, 광주로 들어올 수도 없었다. 김원중도 배창희의 말에 공감하며 이 노래를 불렀다.

당시만 해도 서울이 아니면 음반을 만들기 어려웠다. 기획부터 제작까지, 음반에 관한 모든 것은 서울로 통했다. 김원중과 그의 동료들은 광주에서 음반을 만들기로 했다. '왜 지방에서는 음반을 만들 수 없을까'라는 생각에서 출발했다.

1984년 김원중을 비롯해 광주에서 '노래 좀 한다'는 이들이 모여 '예향의 젊은 선율'이라는 음반을 냈다. LP판 표지까지 자신들의 손으로 그렸다. 지역에서 만든 최초의 음반이다. 김원중은 이 음반에 막내로 참가해 '바위섬'을 불렀다.

파도가 부서지는 바위섬 인적 없던 이곳에
세상 사람들 하나 둘 모여들더니
어느 밤 폭풍우에 휩쓸려 모두 사라지고

남은 것은 바위섬과 흰 파도라네

바위섬 너는 내가 미워도
나는 너를 너무 사랑해
다시 태어나지 못해도 너를 사랑해

이제는 갈매기도 떠나고
아무도 없지만
나는 이곳 바위섬에 살고 싶어라

바위섬 너는 내가 미워도 나는 너를 너무 사랑해
다시 태어나지 못해도 너를 사랑해
이제는 갈매기도 떠나고 아무도 없지만
나는 이곳 바위섬에 살고 싶어라
나는 이곳 바위섬에 살고 싶어라

그는 처음부터 가수가 되려고 한 건 아니다. 대학가요제 무대에 오른 적도 없다. 그저 음악을 즐기는 사람들끼리 모여 우리 힘으로 음반 한 번 내보자는 거였다. 일종의 기념음반이다. 그런데 '바위섬'은 입소문을 타고 서울까지 퍼졌다. 김원중도 덩달아 유명세를 타며 방송에 출연하는 등 '대학생 스타 가수'가 됐다.

김원중은 방송에서 '바위섬'이 '5·18 광주'를 의미한다고 쉽게 말할 수 없었다. 그는 "방송에서 처음부터 내놓고 바위섬의 의미를 얘기하기 어려웠다. 그러나 방송에 나갈 때마다 '나는 광주 출신'이라는 점을 강조했다"고 말한다. 대신 김원중은 방송이 아닌 개인 공연 무대에서 '바위섬'의 의미를 소개했다.

'바위섬'은 한때 가요 프로그램에서 2위를 차지할 정도로 인기를 끌었다. '바위섬'은 북한에서도 많이 알려진 노래다. 탈북자들의 증언을 보면, 김일성대 학생들 사이에서도 '바위섬'의 인기가 많았다고 한다. 동아일보 후배인 북한 김일성대 출신 주성하 기자의 '바위섬'에 대한 에피소드 한 토막을 소개한다.

"한국에 온 지 1년 쯤 됐을 때 가장 이국적인 느낌을 갖게 한 곳은 노래방이었다. 노래방에서 본 내 또래의 남한 사람들은 귀에 낯선, 듣기조차 숨이 찬 노래를 열정적으로 불러댔다. 그럴 때면 구석에 가만히 앉아 '나는 이방인이구나'라고 생각했다.

내가 부르는 노래는 주로 트로트. 한번은 회식 자리에서 노래를 하라기에 김원중의 '바위섬'을 불렀더니 한 선배가 '입사 7년차 이후 처음 듣는 노래'라고 했다. 졸지에 나는 옛사람이 된 것이다."

주성하 기자의 말마따나 '바위섬'을 노래방에서 부르면 분위기 깬다고 타박 맞을 수도 있다. 그러나 나도 어쩌다 노래방에 가면 김원중의 두 히트곡인 '바위섬'과 '직녀에게'를 가끔 부른다. '바위섬'을 부르고 있으면 왠지 가슴이 편안해진다.

바람이려오 (국풍 81)

그대 잠든 머리맡에 가만히 앉아
이 밤을 지키는 나는 나는 바람 바람이려오

그대 잠든 모습처럼 가만히 앉아
이 밤을 지키는 나는 나는 어둠 어둠이려오

멀리서 멀리서 밝아오는 아침이
나의 노래 천국의 노래 삼켜 버려요
날개짓 하면서 밝아오는 아침이
나의 노래 천국의 노래 흩어 놓아요

산들산들 불어오는 포근한 바람
이 밤을 지키는 나는 나는 바람 바람이려오

멀리서 멀리서 밝아오는 아침이
나의 노래 천국의 노래 삼켜 버려요
날개짓 하면서 밝아오는 아침이
나의 노래 천국의 노래 흩어 놓아요

산들산들 불어오는 포근한 바람
이 밤을 지키는 나는 나는 바람 바람이려오
이 밤을 지키는 나는 나는 어둠이려오

20

화합의 대축제냐, 거대한 놀자판이냐

'국풍 81'은 1981년 5월 28일에서 6월 1일까지 5일간 서울 여의도에서 열렸던 대규모 문화축제이다. 행사에 동원된 인원은 16만 명, 여의도를 찾은 관람객은 600만 명에 달했다.

이 행사가 낳은 최고의 슈퍼스타는 단연 가수 '이용'이었다. 서울예전에 다니던 이용은 '국풍 81'의 부대행사 중 하나인 가요제에서 '추상'(음반을 낼 때 '바람이려오'로 제목 바꿈)이라는 곡으로 누가 봐도 압도적인 실력을 선보였다. 그러나 금상에 그쳤다. 누구나 대상은 이용이 틀림없다고 생각했는데 뜻밖에도 대상은 다른 사람의 몫이었다. 그럼 대상은 누가 받았을까?

가요제 심사위원들이 뽑은 대상은 서울대 그룹사운드 '갤럭시'였다. 그러나 대상곡인 '학'이라는 노래를 기억하는 사람은 거의 없다. 이를 두고 전두환 정권이 '서울대 학생'들도 새 정부 건설에 적극적으로 협조하고 있다는 상징 조작을 필요로 해서 일부러 서울대팀에 대상을 주었다는 말이 돌았다. 노래 수준과 상관없이 명문대, 가급적이면 서울대에 준 것 아니냐는 것이 당시 세간의 평가였다. 대상을 받은 '갤럭시'가 수상 기념으로 그해 10월 모교인 서울대 학생회관 라운지 2층에서 공연을 가졌는데,

1981년 5월 28일부터 6월 1일까지 서울 여의도광장에서 열린 대규모 문화축제 '국풍 81'

'향락축제 거부투쟁'을 벌이던 운동권 학생들이 포진해 "애국가부터 시작하라!"고 소리를 질렀다. 당시 '갤럭시'의 기타리스트가 생전 한 번도 치지 못한 애국가를 어설프게 연주하자, 학생들은 기다렸다는 듯 무대를 부숴버렸다.

'국풍 81' 개막 하루 전인 5월 27일에 동료 학우인 김태훈이 서울대 도서관에서 "살인마 전두환 물러가라"를 세 번 외치며 몸을 던져 목숨을 바친 교정에서, '전두환의 괴벨스' 허문도가 만든 '국풍 81'의 대상 수상자 '갤럭시'가 공연하는 걸 도저히 받아들일 수 없었던 것이다.

국풍 81,
그 이면에 숨겨진 노림수

국풍 81. 그 무대는 서울에서 가장 넓은 땅이

라는 여의도 광장이었다. 광활한 아스팔트 위로 풍악이 울렸다. 거레의 멋과 꿈을 펼치는 큰 마당, 그 이름에 걸맞게 전국의 민속과 전통이 모두 모였다. 낮에는 전통문화가 펼쳐졌고 밤에는 전통과 무관한 또 다른 무대가 신바람에 한몫을 했다. 볼 거리와 놀 거리, 먹을거리 마실 거리가 지천이었다. 겉으로 보기에 태평성대가 따로 없었다. 이처럼 신나게 즐겨 본 잔치가 있었던가? 서민들의 신명을 한껏 살려주고 600만 명이 어울려 노는 환희와 화합의 장, KBS가 주최한 대규모 축제를 언론들은 연일 대서특필했다. 서울시경은 여의도를 '차 없는 거리'로 선포했고 치안본부는 통금을 해제했다.

사람들은 여의도로, 여의도로 몰려들었다. 그 해 초여름 16만 평의 뜨거운 아스팔트 땅은 연일 '사람들의 바다'를 이루었다. 닷새 동안 밤낮으로 계속된 거대한 축제. 한쪽에선 화합의 대축제라 찬양하고 다른 한쪽에선 유사 이래 최대의 놀자판이라고 비아냥거렸다. 여의도 상공에서도 한눈에 보이는 대형 캐치프레이즈에는 "새 역사를 창조하는 것은 청년의 열과 의지와 힘이다"라고 쓰여 있었다. '국풍 81'이 전통과 화합의 주인공으로 내세운 이는 청년, 그중에서도 대학생이었다.

허문도의 계획으로 만들어졌다고 알려져 있는 국풍 81. 이것의 효시가 '전국대학생민속축제'였다는 것을 아는 사람은 많지 않다. 개그계의 대부로 알려져 있는 당시 KBS PD 김웅래의 소박한 기획안에서 시작된 이 행사는 KBS 사장 이원홍과 허문도를 거치면서 거대 관제 행사인 '국풍 81'로 탈바꿈한다.

허문도는 도쿄대 대학원 유학 당시 메이지 유신과 일본의 근대국가 형성 과정에 심취했던 것으로 알려져 있다. 특히 그는 일본의 천황주의와 국수주의에 큰 관심을 보였다고 한다. 그리고 전두환의 비서관으로 전격 발탁되어 제5 공화국의 체제 홍보를 맡게 된다.

회유 거부한
김지하와 김민기

1981년, 청와대 정무비서관이었던 허문도가 술을 들고 출소한지 얼마 되지 않은 김지하를 찾아 그가 살고 있던 원주로 간다. 전두환 정권의 정당성과 정치적 위용을 과시하기 위해 만들어진 여의도 광장에서 열릴 국풍 행사에 참가해달라는 것이었다. 하지만 김지하는 허문도를 피해 해남으로 내려가고 허문도는 다시 해남으로 가지만 끝내 김지하를 설득하진 못한다. 허문도의 국가주의를 완성시키기 위한 포섭 대상은 김지하뿐만 아니라 그를 선두로 한 문화운동 그룹 전반에까지 미친다.

1974년에 김민기가 극본을 쓴 '소리굿 아구'는 검열을 통과하지 못하였으나 1970년대 크게 일어난 마당극 운동의 결정적인 시발점이 되었다. 연극에 탈춤을 결합한 마당극은 당시의 문화 운동판에 신선한 충격이었다. 이를 연출했던 김지하는 투옥되지만 1980년 12월 석방되었을 때 시대는 많이 변해있었다. 마당극에 참가했던 저항의 상징인 김지하를 비롯하여 김민기, 연탈(대학 탈춤반 연합)계의 교주로 불리는 채희완, 소리꾼 임진택은 모두 회유 대상이 되었다.

그 목적은 '국풍'에 참가하여 문화적 리더십을 발휘해 달라는 것이었다. 유신체제하에서 탄압받던 문화예술계 인사들을 포섭하여 공개적으로 놀 수 있는 마당을 마련해주고자 하였

1980년 4월 전두환 중앙정보부장 서리의 임명장을 받고 있는 간부들. 맨 오른쪽이 허문도 비서실장

다. 하지만 이들은 모두 참여를 거부하고 임진택은 KBS PD를 그만두고 마당극 소리꾼의 역할에 전념하게 된다.

그러자 허문도는 그들 계보의 아래쪽에 위치한 각 대학의 연탈반 학생들에게 접근한다. 폭발적인 민주화의 열망으로 술렁이던 대학가를 잠재우기 위해 정부에서는 이들을 체제내화 시키고자 각 대학의 탈반을 '국풍 81'에 참가시키고자 한다. 하지만 이들도 참여를 거부하자 허문도는 새로운 묘안을 내놓는다. 자신의 학교 후배인 서울대 농대 풍물패를 참가시키고자 했던 것이다. 그러나 풍물패 '두레'의 재학생 회원들이 제의를 거절하자 졸업생들과 군대에서 복무 중이던 이들까지 모두 데려와 '서울대'라는 이름으로 참여시킨 것이다. 그리고는 공연 중 혹시라도 다른 행동을 할까봐 전경들로 겹겹이 둘러싼 채 행사를 진행했다. '국풍 81'은 애초 허문도의 계획과는 달리 청년이 아닌 전문 예능인들 위주의 잔치로 바뀐다. 16만 평의 여의도 광장은 수많은 사람들로 가득했지만 기획 당시 주최 측의 포섭 대상이 되었던 그룹의 사람들은 찾아볼 수 없었다.

'10월의 마지막 날'
이용 모시기 경쟁

　　'국풍 81' 가요제에서 '바람이려오'로 대상을 차지한 이용은 휘문고를 다니던 시절부터 가수의 재질을 보였다. 고교 시절 이용은 손석희 JTBC 사장, 배우 송승환과 동기였다.

　손석희와 송승환은 방송반이었고 이용은 바로 옆의 합창반이었다. 그래서 세 사람은 방과 후 자주 만났다고 한다. 이용은 "소풍을 가면 MC는 승환이가 봤다. 그리고 내가 거기서 팝송을 부르고 있으면 손석희가 와서 '너 팝송 진짜 잘한다. 나중에 가수해라' 그렇게 이야기를 하고 그랬었다"라고 회고했다.

　'바람이려오'에 이어 발표한 '잊혀진 계절'이 공전의 히트를 기록한다. 그는 이 앨범으로 1982년 MBC 10대가수가요제 가수왕을 수상하면서 당시 MBC와 KBS의 가수왕을 잇달아 차지했던 조용필의 독주에 제동을 건다.

　'잊혀진 계절'은 원래 조영남의 노래가 될 뻔했으나 녹음까지 마친 조영남이 다른 사정이 있어 발표하지 못하게 되자, 작곡가 이범희는 이용에게 이 곡을 줬다. 노래 가사도 처음엔 '9월의 마지막 밤'이었는데, 발매 시기가 한 달 늦춰지면서 '10월의 마지막 밤'으로 바뀌었다고 한다. 10월의 마지막 날, 방송국은 물론이고 업소마다 가수 이용 모시기 경쟁은 극에 달한다. 스케줄이 너무 많아 헬기를 동원해 전국을 다닌 적도 있었다. 이용이 밝히는 에피소드다.

"한 번은 부산의 큰 절에서 공연을 한 적이 있다. 10월의 마지막 날이었는데 1만 명이 넘는 사람이 운집해 있었다. 그곳에 헬기를 타고 가 절 꼭대기에 내리면서 무전기로 반주를 들으며 노래를 한 적이 있었다. 영화에서나 나올법한 멋진 장면이었는데 난 라이브를 해야 하는 상황이다 보니 굉장히 긴장했던 기억이 난다."

'잊혀진 계절'은 다른 가수가 리메이크하거나 무대에서 가장 많이 부른 곡 중의 하나이기도 하다. 유튜브에 음원이 있는 가수나 뮤지컬 배우만도 나훈아, 전영록, 최백호, 설운도, 이선희, 김정민, 남경주, 임태경, 김재중(JYJ), 화요비, 김범수, 서영은, VOS, 산들(B1A4), 비스트, 걸스데이, 시크릿, 박강성 등 셀 수 없을 정도로 많다.

2012년 MBC '나는 가수다 2'에서 하현우(국카스텐)의 경연곡으로도 등장해 엄청난 반응을 얻었고, 2013년엔 KBS2 드라마 '최고다 이순신'에서 주인공인 아이유가 극중 이 노래를 불러 다음날 하루 종일 포털 실시간 검색어 상위권에 떠있는 등 화제가 됐다. 2015년에는 애프터스쿨의 레이나가 MBC '복면가왕'에서 이 노래를 불렀다.

'잊혀진 계절'은 엄밀히 말해 맞춤법 오류다. 올바른 맞춤법은 '잊힌 계절'이다. 하지만 누가 뭐라 해도 '잊힌 계절'보다는 '잊혀진 계절'이 더 있어 보인다. '짜장면'이 표준말이 되기 전 아무리 '자장면'이라고 해도 역시 '짜장면'이라고 해야 맛있어 보이는 것처럼….

'김득구' 음반 표지

김득구 (복서 김득구 사망)

사랑과 집념을 위해 아니 그보단 한 맺힌
네 슬픔과 기다림의 절정을 위해
너는 낯선 땅 힘 센 미국 선수의
빛나는 부와 프론티어 정신 앞에
덜그덕거리는 조선 맷돌 하나의 힘으로
네 슬픔의 마지막 절정 위에 큰 칼을 씌웠다

세계 경찰 완장 두르고 아프리카와 남미 중동
아니 아시아의 남과 북 한반도까지
자국민의 평화를 위해 아낌없는 자본과 포탄을 퍼붓는 나라

그 나라의 한복판에 세워진 콘크리트 벼랑 위로
부딪혀 쓰러지는구나 너는
너는 부서질 줄 알고 너는 슬픔의 한없는 깊이를 알고
너는 사랑의 겸허한 목소리를 알고
너를 기다리는 어머니의 체온을 알고

득구 너의 고향 북한강엔 지금은 늦가을 골안개가 희게 흩어지고
사랑과 희망을 위해 오늘 네 쓰러진 머리 힘 빠진 목줄기엔
네 어린 날 검정 고무신짝으로
네 고향 북한강 푸르디푸른 그리움에 강물을 쏟는다.

외로운 네가 허공을 향해 조선낫을 휘두를 때
흰 옷 입은 우리들은 아리랑을 아리랑을 불렀다

21

복싱의 룰을 바꾼 링 위의 비극

'김득구'는 곽재구의 시에 포크 뮤지션 이지상이 곡을 붙이고 부른 노래다. '김득구'는 2002년 발표된 이지상의 3집 앨범 '위로하다, 위로 받다'에 '춘천역', '외로우니까 사람이다' 등과 함께 실려 있다.

경희대 국문과를 졸업한 이지상은 비주류 음악인으로 살면서 소외된 사람들을 찾아다니며 낮은 곳에서 노래하는 가수 겸 작곡가이다. 어쩌면 그에게 주류와 비주류라는 선은 무의미한 구분인지도 모른다. 그는 부와 명예가 아닌 '사람'을 노래하는 가수이기 때문이다. 그의 말을 들어보자.

"내 노래의 출발은 인간이고, 지향점과 귀착지 역시 인간이다. 한 사람

한 사람이 소중한 존재라는 자각이 없었다면 나는 가수가 되지 못했을 것이다. 비단 노래만이 아니라 세상 모든 것은 인간으로부터 시작되고 완성된다. 이것이 내가 노래하는 궁극적인 이유다."

갈수록 속화되어 가는 척박한 사회. 돈으로 환산할 수 없는 가치를 지키려고 애쓰는, 고단한 사람들에게 위로와 희망의 메시지를 전달하는 그의 삶과 노래 활동을 응원한다.

이덕구에서
'김득구'가 된 사연

'비운의 복서' 김득구는 1956년 강원도 고성(호적에는 전북 군산 출생으로 기재)에서 태어났다. 두 살 때 아버지를 여의었다. 생활고에 시달리던 어머니는 이후 두 번의 재가를 한다. 원래 이름은 이덕구였지만 1967년 어머니가 김호열과 결혼하면서, 양아버지의 성을 따 김득구로 개명했다.

가난한 집안에서 자란 김득구는 1972년 이복형제들과의 갈등으로 14살 나이에 가출하여 서울로 상경한다. 권투 선수가 되기 전에는 빵공장 종업원, 볼펜 장사, 구두닦이 등의 힘든 일을 하면서 홀로 생계를 꾸렸다. 그리고 검정고시에 붙어서 천호상고에 입학했다.

김득구는 학교 복싱부에서 기량을 쌓다가 김현치가 관장으로 있던 동아체육관에 입문한다. 당시 동아체육관은 전호연이 회장으로 있던 극동프로모션과 양대 산맥을 이루며 국내 프로복싱계를 주도하는 굴지의 복싱 도장이었다. 당시 동아체육관에는 유명 선수인 박종팔, 황준석, 김환진 등이 소속되어 있었다.

김득구는 처음엔 아마추어 선수로서 활동하다가 1978년에 프로로 전향했다. 1980년 12월 이필구를 10회 판정으로 누르고 한국챔피언 타이틀을 얻는다. 1982년 2월에는 예상을 뒤엎고 당시 '탱크'로 불리던 한국 라이트급의 1인자 김광민에게 심판 전원일치 판정으로 승리하며 동양챔피언이 되었다.

이후 김득구에게 행운이자 불행이 될 세계 타이틀 매치가 무르익게 되는데, 당시 WBA 라이트급 세계챔피언은 레이 맨시니였다. 잘생긴 미남형 얼굴의 맨시니는 백인으로는 드물게 세계챔피언을 거머쥐었다. 맨시니는 당대의 강자였던 WBC 라이트급 챔피언 알렉시스 라르게요에게 도전했다가 KO로 패하면서 WBA로 우회하긴 했지만 실력으로 볼 때 충분히 챔피언을 롱런할 수 있는 재목이었다.

당시 세계 복싱계에선 무명이나 다름없었던 김득구가 레이 맨시니와 싸우게 된 것은 프로모터 밥 애럼의 농간 때문이었다. 김득구는 세계적인 강자들과 싸울만한 기량을 갖추지 못했다는 것이 복싱계의 일관된 평이었고, 김득구의 프로모터인 김현치 관장도 김득구의 기량이 세계적인 수준에 못 미친다는 것을 한 언론과의 인터뷰에서 인정한 바 있다.

레이 맨시니가 챔피언으로 활동할 때 이미 세계 랭킹엔 하워드 데

이비스나 에드윈 로자리오 등의 쟁쟁한 복서들이 자리 잡고 있었다. 이들이야말로 레이 맨시니와 챔피언 자리를 두고 일합을 겨루기에 부족함이 없는 선수들이었다.

하지만 뛰어난 외모로 흥행성을 갖춘 맨시니가 패배하는 꼴을 볼 수 없었던 밥 애럼은 랭킹을 조작하여 맨시니의 타이틀전 상대로 위협적인 상대들을 모두 거르고, 상대적으로 쉬운 상대인 김득구를 WBA 랭킹 1위로 만든다. 이렇게 하여 밥 애럼은 김득구를 레이 맨시니의 타이틀 유지를 위한 희생양으로 삼고자 했다.

아, 김득구!, 비극으로 끝난 투혼

객관적 전력의 열세에도 불구하고 김득구는 세계챔피언이 될 좋은 기회라고 생각하고 연습에 매진했다. 김득구는 미국으로 가기 전 "진다면 살아 돌아오지 않겠다. 관을 짜고 가겠다"라며 전의를 불태웠다.

1982년 11월 13일, 미국 라스베이거스 '시저스 팰리스 호텔' 야외경기장에서 타이틀 매치 막이 올랐다. 1라운드부터 달려드는 김득구의 선전에 맨시니는 다소 고전했다. 1~2라운드에서 김득구의 유효타가 더 많았다. 사우스포에 저돌적인 인파이팅을 구사하는 김득구를 공략하는데 맨시니는 어려움을 겪었다.

하지만 점차 맨시니는 전열을 가다듬었고 호각세로 붙었다. 의외의

선전에 미국 관중들과 해설
자들은 놀랐고, 김득구는
경기 도중 맨시니의 공격에
아무렇지도 않다는 듯 두
팔을 들어 보이는 쇼맨십을
연출하기도 했다. 경기 중반
까지 김득구는 물러서지 않

1982년 11월 13일, 미국 라스베이거스 '시저스 팰리스 호텔'에서 열린 WBA 라이트급 타이틀매치에서 펀치를 교환하고 있는 김득구(오른쪽)와 맨시니

고 싸웠다. 그건 맨시니도 마찬가지였다. 두 선수의 파이팅에 관중들
과 시청자들은 눈을 뗄 수 없었다.

6라운드에 들어서면서 기회를 잡은 김득구, 링 중앙에서 연타 펀
치로 맨시니를 뒷걸음치게 만들었다. 링 코너로 그로기에 가깝게 몰
아붙이지만 맨시니는 클린치로 위기를 벗어났다. 분위기가 김득구 쪽
으로 흘러갔다. 8라운드 종료 공 소리가 난 직후에는 김득구가 맨시
니와 머리를 맞대고 신경전을 벌이기도 했다.

이후에도 김득구는 맨시니를 저돌적으로 공격했다. 관중들은 한
순간도 눈을 떼지 못하고 함성을 질렀다. 하지만 객관적 전력에서 밀
리는 김득구가 신체조건과 체력, 펀치력에서 앞서는 맨시니를 투지만
으로 이기긴 힘들었다. 맨시니의 유효타가 근소하게 많은 반면에 경
기 중후반으로 갈수록 김득구는 헛스윙이 많아지고 데미지가 누적되
었다.

김득구는 점점 정타를 허용하면서 몇 차례 그로기 상태의 위기를
맞기도 했지만 클린치로 위기를 벗어난다. 11라운드에서 다운 직전의

위기를 맞는다. 연타를 허용한 김득구는 왼쪽 무릎을 꿇고 주저앉았지만 다시 일어났다. 다운은 아니었다. 12라운드에서도 정타를 많이 허용, 이미 전세는 기울었다. 김득구의 얼굴은 상당히 부어있었다.

그리고 운명의 14라운드. 공 소리와 함께 달려 나간 맨시니는 왼손 카운터를 적중시켰다. 김득구의 몸이 비틀대자 이를 놓치지 않고 연타를 날린다. 오른손 스트레이트가 그대로 꽂혔고, 김득구는 쓰러지고 만다. 힘을 모아 일어나보지만 심판은 이 상태로는 게임이 계속될 수 없다고 판단했다. 결국 맨시니의 TKO 승리를 선언한다.

김득구는 최선을 다했다. 일방적인 열세 예상에도 불구하고 상당한 선전을 한 것이다. 하지만 비운의 사건은 경기 이후에 시작되었다.

경기 후 링에서 의식을 잃은 김득구는 병원으로 옮겨져 뇌 혈전 제거 수술을 2시간 30분 동안 받았으나 결국 뇌사 판정을 받게 된다. 이어 5일 후 한국에서 온 어머니의 동의하에 산소마스크를 제거했다. 김득구의 불꽃같은 삶은 이렇게 끝났다.

그에게는 약혼녀가 있었다. 그리고 그녀 뱃속의 아기는 아버지를 단 한 번도 볼 수 없게 되었다. 불행은 어머니에게로 이어졌다. 그의 어머니가 자신의 가난이 아들을 죽음에 이르게 했다는 것에 자책감을 느끼고 유서를 남긴 뒤 김득구가 죽은 뒤 3개월 후에 농약을 먹고 자살했다.

그리고 당시 경기를 진행한 심판인 리처드 그린도 김득구 사후 7개월 후에 선수를 보호하지 못했다는 자책감에 스스로 목숨을 끊었다.

유행가는 역사다

김득구 선수의 사망으로 인해 세계 복싱계에는 거센 논쟁이 일었다. 뉴욕타임스를 비롯한 언론에서는 연일 권투의 잔혹성을 지적하였고, 미국 하원에서는 이 문제에 대해 청문회까지 열렸다.

결국 세계권투협회(WBA)를 비롯한 국제 권투기구들은 15회 경기를 12회로 줄이고, 스탠딩다운제를 도입하는 등 선수를 보호하기 위한 특단의 대책들을 마련하였다. 또 올림픽 권투 종목 역시 1984년 LA 하계 올림픽부터 헤드기어 착용을 의무화했다.

치과의사가 된 아들, 맨시니를 만나다

사고 상대방이었던 레이 맨시니는 김득구의 장례식에 참석했고, 이후 깊은 우울증에 빠졌다. 맨시니는 김득구와의 경기 이후로 자책감에 빠져 공백기가 길었으며 예전의 패기 있는 인파이팅 스타일을 구사하지 못하고 치고 빠지는 아웃복싱 스타일로 변했다.

맨시니에 대해 다룬 다큐에서는 불행했던 경기가 한 복서의 아까운 생명과 전도유망한 천재 복서의 커리어를 일찍 마감하게 했다고 말할 만큼 김득구의 사망이 그의 복싱에 큰 영향을 끼친 것은 분명하다. 맨시니 자신의 입으로도 "그 경기 이후로는 복싱이 싫어져서 복싱을 하는 것이 괴로웠다"고 술회할 만큼 트라우마로 남게 되었다.

2002년 3월 김득구의 일대기를 그린 영화 '챔피언'의 미국 LA 촬영 현장을 방문해 곽경택 감독(가운데)과 의견을 나누고 있는 레이 맨시니(왼쪽).

김득구를 소재로 한 영화 '챔피언'이 개봉할 당시 한국을 찾았던 레이 맨시니는 언론과의 인터뷰에서 김득구를 '강인한 전사'라고 칭찬하면서, 그의 죽음 때문에 자신의 인생이 바뀌고 평생을 죄책감에 시달려왔다고 말했다.

만약 하늘에서 김득구와 만나게 되면 무슨 말을 해줄 거냐는 기자의 질문에 맨시니는 눈물을 글썽이며 "아무 말 없이 끌어안아 주겠다"는 말로 주위를 숙연하게 만들었다. 또한 '살인 복서'로 낙인찍힌 자신을 오히려 위로해 준 한국인들의 따뜻한 마음에 감사함을 표하기도 하였다.

김득구 사망 뒤 깊은 슬럼프에 빠져 결국 은퇴하고 영화배우의 길을 걷게 된 맨시니는 2011년 6월 김득구의 유복자인 김지완을 수소문해 미국에 있는 자신의 집으로 초대했다. 맨시니는 훌륭하게 자라준 김득구의 아들을 보자 눈물을 쏟아내면서 "이제 비로소 편히 살 수 있을 것 같다"라는 말로 그동안의 마음고생을 어느 정도 털어냈다.

김득구 사망 당시 약혼녀 뱃속에 있었던 유복자 김지완은 치과대학을 졸업, 현재 치과의사로 일하고 있다.

유행가는 역사다

김득구 선수

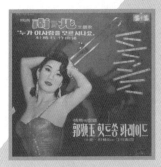

'누가 이 사람을 모르시나요'
앨범 표지

누가 이 사람을 모르시나요
(이산가족찾기 특별 생방송)

누가 이 사람을 모르시나요
얌전한 몸매에 빛나는 눈
고운 마음씨는 달덩이같이
이 세상 끝까지 가겠노라고
나하고 강가에서 맹세를 하던
이 여인을 누가 모르시나요

누가 이 사람을 모르시나요
부드러운 정열에 화사한 입
한 번 마음 주면 변함이 없어
꿈 따라 님 따라 가겠노라고
내 품에 안기어서 맹세를 하던
이 여인을 누가 모르시나요

영화 '국제시장'의 한 장면.

주인공 '덕수'(황정민 분)가 어
린 시절 흥남철수 때 헤어졌던 아
버지 윤진규(정진영 분)와 막내 여
동생 막순이를 찾기 위해 이산가
족 찾기 프로그램에 출연한다. 처
음 아버지와 연결이 됐을 때는 다

영화 '국제시장' 주인공 '덕수'(황정민 분)가 어
린 시절 흥남철수 때 헤어졌던 아버지와 여동
생 막순이를 찾기 위해 이산가족 찾기 프로그
램에 출연한 모습

른 사람이어서 굉장히 실망하지만 그 후 여동생으로 추정되는 사람
의 전화를 받는다. 다시 TV 앞에 모인 가족들. 통역사와 함께 LA로
화면이 연결되고 화면에는 윤막순의 모습이 비친다.

처음에 윤덕수가 "내가 찾는 사람은 동생 막순이"라고 하자 영어로 대답하는 막순. 덕수가 "막순이는 귀 뒤에 사마귀가 있다"고 말하자 얼른 고개를 돌려 보여주는 막순.

그녀는 다른 건 기억하지 못해도 오빠가 자신을 혼낼 때 했던 말을 기억한다며 더듬거리는 한국어로 말한다.

"여기. 운동장 아이다. 놀러가는 것 아이다. 오라버니 손 놓지 마라."

그러고 나서 잠시 가방을 뒤적거리더니 배냇저고리를 꺼내며 "오빠 나를 왜 버렸어요", "엄마 보고 싶어요" 등을 영어로 말한다.

흥남부두에서 헤어진 덕수와 막순이는 이렇게 다시 만나게 된다.

138일간 1만 189건의
이산가족 상봉

KBS '이산가족을 찾습니다'는 1983년 6월 30일 밤 10시 15분에 첫 방송을 내보냈다. 당초 기획했던 방송 시간은 95분이었다. 첫 방송이 시작되는 시간에 KBS 본관 공개홀의 메인 스튜디오에는 '스튜디오 830'의 콤비 진행자인 유철종·이지연이, 공개홀 객석에는 이산가족 출연자들이 자리 잡고 있었다. 공개홀 밖의 중앙홀에는 다음 차례를 기다리는 이산가족들과 출연을 마친 이산가족들로 크게 붐볐다.

진행 절차는 간단했다. 우선 공개홀에 입장한 이산가족들이 자신의 신상 명세를 적은 '메모판'을 가슴에 들고 서면 아나운서가 그 내용을 소개하는 것이다. 소개된 내용이 전국에 방송되면 찾고 있는 당사자, 또는 주변 사람들이 방송사로 전화하거나 직접 찾아오면 확인을 거쳐 스튜디오에서 상봉을 주선하게 된다. 지방에 사는 연고자는 KBS 지역국의 라인을 연결해 화면 상봉을 하자는 것이었는데 이는 TV만이 해낼 수 있는 이점을 최대한 활용한 것이었다.

첫 상봉은 1·4후퇴 혼란 통에 부산에서 헤어졌던 사촌 남매 8명을 다시 만난 신영숙 씨였다. 이산가족 만남의 장면은 파도처럼 이어졌고, 이 생방송으로 이산가족 찾기 프로그램을 알게 된 또 다른 이산가족들이 KBS로 밀려들기 시작했다. 첫 방송이 나간 날 4시간 45분 생방송되는 동안 850가족이 출연해 36건의 상봉이 이루어졌다. 당시 첫 상봉의 분위기를 '한국방송 70년사'는 다음과 같이 기술하고 있다.

"만반의 준비를 갖추고 첫 방송을 시작한 후 시간이 흘러가도 상봉의 극적 장면은 터지지 않았다. 과연 어떤 결과가 나타날지 KBS 임직원을 비롯한 제작진은 중앙홀 쪽으로 온 신경을 쏟고 지켜보고 있었다. 태풍 전야의 막. 그런 긴장된 순간이 이어지던 어느 순간, 별안간 중앙홀 바깥이 떠들썩하더니 5~6명의 중년 남녀들이 누군가의 이름을 외치며 뛰어들었다. 목이 메어 말도 제대로 못하는 이들을 진정시킨 후 확인반이 그들을 홀 안으로 안내하는 순간, 출연자 한 사람이 홀 안쪽으로 들어서는 사람들의 이름을 부르며 마주 달려갔다. 포옹, 통곡, 서로 얼싸안고 다시 이름을 부르며 만남의 기쁨으로 눈물을 쏟는 모습…."

1983년 이산가족찾기 생방송이 진행 중인 KBS 본관 공개홀. 눈에 더 잘 띄도록 벽 위에 올라앉아 가족의 이름이 적힌 종이를 직접 들어 보이고 있다

40년 가까운 세월을 생사조차 모르던 혈육을 다시 만난 그 벅찬 반가움과, 헤어져 살던 서러움이 한데 뒤엉켜 서로 부둥켜안고 울부짖는 장면. 그것은 어떤 드라마의 극적 장면보다도 감동적이었다. 화면을 지켜보던 모든 시청자들에게 벅찬 감동을 안겨준 것은 말할 것도 없었다. 제작진도 울었고 시청자들도 흐느꼈다.

이산가족 찾기 생방송이 나간 다음 날 KBS 직원들은 충격적인 방송 효과를 직접 경험할 수 있었다. 자기 차례의 출연이 끝났는데도 언제 찾아올지 모를 이산가족의 소식을 기다리는 사람들로 중앙홀은 꽉 차 있고 홀 밖에는 출연을 신청하려 밀려드는 이산가족들로 인산인해였다. 6월 30일 자정까지 접수된 것만을 출연시키려던 당초 예정을 바꿔 방송을 계속하기로 결정했다. 6월 30일 2,200건이던 출연 신청이 7월 1~2일 이틀 사이에 무려 1만 4,780건이나 접수되었고 그것이 7월 12일에는 누계 10만 건이 넘었다. 방송 형태도 달라져 이산가족의 상봉을 주선하기 위해 연결했던 9개 네트워크 지역국(부산, 대구, 광주, 전주, 대전, 청주, 춘천, 제주, 강릉)이 지역 신청자들을 직접 방송에 참여케 했다.

방송 시간도 대형 편성으로 바꿔 7월 1일에는 8시간 45분, 2일에는 11시간, 3일에는 9시간 50분, 4일에는 12시간 등 거의 종일 편성에 들어갔다. 생방송은 11월 14일까지 장장 138일 동안 계속되었다.

특별 생방송 8일째인 7월 7일부터는 KBS1 라디오가 TV와 동시 생방송에 임했고 생방송은 해외에도 연결돼 미주, 유럽 등지에서 신청해 온 해외 거주 이산가족들의 사연도 소개하는 기동성을 보였다. 방송 기간 138일 간 5만 3,536건의 이산가족 사연을 소개했고, 그중 1만 189건의 상봉이 이루어졌다.

"금순아~" "오빠"
온 나라가 눈물바다

KBS 특별생방송 '이산가족을 찾습니다' 프로그램은 인도적인 관점에서 세계인의 찬사를 받았다. 1983년 9월 6일부터 사흘간 콜롬비아의 카르타헤나시에서 개최된 제6차 세계언론인 대회는 이 프로그램을 '1983년도의 가장 인도적인 프로그램'으로 선정했다. 1984년 2월 17일 아프리카 가봉에서 열린 제24차 골드·머큐리 세계평화협력회의 총회에서는 방송기관으로는 처음으로 '1984 골드머큐리·애드 호너렘 (AD HONOREM)'상을 수상하기도 했다.

영국 그리니치대학교에서는 방송학 교재로 사용되기도 하였다. 전 세계에 분단과 이산가족의 사례는 많지만, 그 슬픔과 그리움이 TV프로그램을 통해 이렇게 강렬하게 표출된 사례는 없었다.

KBS의 이산가족찾기 방송은 국내뿐만 아니라 전 세계가, 냉전이 개개인들에게 내면적으로 입힌 상처가 얼마나 깊은지를 본격적으로 인식하는 계기가 되었다. 또한 남북한의 이산가족 문제를 국제적 이슈로 부각시켰다.

1983년 7월 유창순 대한적십자사 총재는 "1천만 이산가족 문제의 해결을 더 이상 미루지 말고 조속히 남북적십자사 회담을 재개할 것"을 촉구하는 담화문을 발표했다. 전두환 대통령은 1983년 광복절 경축사에서 "남북한 간의 이념과 제도가 다르다 하더라도 이산가족 문제해결은 더 이상 지연시킬 수 없다"고 강조했다. 레이건 미국 대통령은 1983년 11월 대한민국 국회 방문연설에서 KBS 이산가족찾기 방송의 성공을 언급하며 북한의 협조를 촉구하였다. 이런 노력의 결과, 이산가족찾기 방송 2년 후에 북한 대표단이 KBS를 방문했고 역사적인 남북한 이산가족의 최초 상봉이 1985년 9월 이루어졌다.

매일 TV를 통해 전해지는 평범한 이웃들의 상봉 장면을 통해 전 국민은 이산가족과 함께 울었고 아물지 않은 전쟁의 상처에 몸서리를 쳐야했다. 방송 3일째부터는 학생, 주부, 일반 시민들 주축으로 안내, 의료봉사, 신청서 대필 등의 자원봉사가 시작되었고, 컬러TV, 공중전화, 이동화장실, 기차표, 생수, 빵, 라면, 부채, 수건 등을 기탁하는 개인과 기업체의 후원도 줄을 이었다. 각 기업체의 이산가족 상봉 신청자에게는 특별휴가가 부여되기도 하였다.

KBS 특별생방송 '이산가족을 찾습니다' 기록물은 2015년 10월 '한국의 유교책판'과 함께 유네스코 세계기록유산(Memory of the World)에 등재됐다. 이 기록물은 KBS가 1983년 453시간 45분 동안 생방송한 남북한 이산가족 찾기 등을 담은 비디오테이프 463개, 담당 프로듀서의 업무수첩, 이산가족이 작성한 신청서, 일일 방송진행표, 큐시트, 기념 음반, 사진 등 자료 2만 522건이다.

또 다른 주제곡
'잃어버린 30년'

'누가 이 사람을 모르시나요'는 1983년 KBS 특별생방송 '이산가족을 찾습니다'가 불길처럼 번지며 생방송이 연장에 연장을 거듭할 때 배경음악으로 사용되며 국민가요로 부활했다. 당시는 곽순옥의 노래가 아닌 패티김의 노래가 전파를 탔다.

그러나 이 노래는 사실 이미 오래전 상당한 인기를 얻었던 곡이었다. 1962년 HLKA 인기 라디오 연속극 '남과 북'의 주제가였던 '누가 이 사람을 모르시나요'는 당시 장안의 인기를 독차지했다.

라디오 연속극 주제가는 1964년 '곽순옥 히트쏭 퍼레이드'라는 앨범으로 판매되며 큰 인기를 얻었고, 이어서 1965년엔 영화화되며 다시 한 번 화제의 중심에 서게 된다. 김기덕 감독이 최무룡, 신영균, 엄앵란, 남궁원 등과 함께 만든 영화 '남과 북'은 광복 직후 남하한 애인을 찾아 귀순한 북한군 대대장의 실화를 역사적, 시대적 비극으로 담아내며 전국을 눈물바다로 만들면서 흥행에 성공한다.

이 영화는 제12회 아시아 영화제 비극상, 제3회 청룡영화제 남우주연상과 시나리오상 등 국내외 영화제 상을 수상하면서 작품성을 인정받았다. 곽순옥은 6·25전쟁 중인 1951년 미8군 무대로 데뷔한다. 김광수 악단과 외국 팝송과 번안곡을 부르며 박단마가 운영하던 그랜드쇼단의 일원으로 활동하기도 하였다. 1958년 시민회관에서 열린 '세계의 휴일' 무대를 계기로 대중 앞에 서서 노래하기 시작했고 육감적인 몸매와 힘차고 세련된 고음, 섬세한 감정처리 등으로 '정열의 가희'로 이름을 날렸다. '누가 이 사람을 모르시나요' 외에 '여자가 고개를 넘을 때' 등을 불러 주목을 받은 곽순옥은 홍콩에서 나이트클럽 '코리아가든'을 운영하기도 했다.

특별생방송 '이산가족을 찾습니다'의 주제가는 '누가 이 사람을 모르시나요' 말고도 한 곡이 더 있다. 설운도의 '잃어버린 30년'이다. 오늘의 설운도를 있게 한 곡이기도 하다. 1958년 부산에서 태어난 설운도(본명 이영춘)는 학생 때인 1974년 MBC 아마추어 노래자랑에서 최우수상을 수상하며 재능을 인정받았고, 1982년 KBS '신인탄생'에서 5주 연속 1등을 하며 본격적인 가수로서의 활동을 시작한다. 그러나 빛을 보지 못하다가 1983년 발표한 '잃어버린 30년'이 '이산가족 찾기 특별 생방송'의 배경음악으로 나가면서 순풍에 돛 단 듯이 순식간에 노래는 히트하고 30만 장의 앨범 판매고를 올린다.

비가 오나 눈이오나 바람이부나
그리웠던 삼십 년 세월
의지할 곳 없는 이 몸
서러워하며 그 얼마나 울었던가요

유행가는 역사다

우리 형제 이제라도 다시 만나서
못다 한 정 나누는데
어머님, 아버님, 그 어디에 계십니까
목 메이게 불러봅니다

내일일까 모레일까 기다린 것이
눈물 맺힌 삼십 년 세월
고향 잃은 이 신세를
서러워하며 그 얼마나 울었던가요
우리 남매 이제라도 다시 만나서
못다 한 정 나누는데
어머님, 아버님, 그 어디에 계십니까
목 메이게 불러봅니다

사실 이 곡은 '아버님께'라는 제목으로 이미 발표가 되었던 곡이었다. 설운도의 매니저가 '이산가족 찾기' 생방송을 보고 작사가 박건호에게 전화를 걸어 부탁해서 하룻밤에 작사하고 다음날 녹음한 '잃어버린 30년'은 엄청난 히트를 기록했다. 설운도는 이 곡으로 일약 스타덤에 오르게 된다.

이후 '원점', '다함께 차차차', '사랑의 트위스트', '여자 여자 여자' 등을 발표하며 대중들의 꾸준한 인기를 얻은 설운도는 현철, 송대관, 태진아와 어깨를 나란히 견주며 '트로트 4대 천왕'으로 불리게 된다.

丁秀羅

'아! 대한민국' 앨범 표지

아! 대한민국 (5공화국 3S정책)

하늘엔 조각구름 떠있고 강물엔 유람선이 떠있고
저마다 누려야 할 행복이 언제나 자유로운 곳
뚜렷한 사계절이 있기에 볼수록 정이 드는 산과 들
우리의 마음속에 이상이 끝없이 펼쳐지는 곳

도시엔 우뚝 솟은 빌딩들 농촌엔 기름진 논과 밭
저마다 자유로움 속에서 조화를 이뤄가는 곳
도시는 농촌으로 향하고 농촌은 도시로 이어져
우리의 모든 꿈은 끝없이 세계로 뻗어가는 곳

원하는 것은 무엇이든 얻을 수 있고
뜻하는 것은 무엇이건 될 수가 있어
이렇게 우린 은혜로운 이 땅을 위해
이렇게 우린 이 강산을 노래 부르네

아아 우리 대한민국 아아 우리 조국
아아 영원토록 사랑하리라
우리 대한민국 아아 우리 조국
아아 영원토록 사랑하리라

23

정 정
태 수
춘 라
의 의
대 대
한 한
민 민
국 국

정수라가 부른 '아! 대한민국'의 탄생은 특이했다.

1970~80년대 가수가 발표하는 음반에는 마지막 곡으로 군가나 건전가요가 의무적으로 포함되어 있어야 했다. 이렇게 어쩔 수 없이 끼워 넣는 건전가요는 대부분 대중의 관심을 빗겨갔으나, 예외적으로 인기를 끈 노래가 있었으니 바로 정수라의 '아! 대한민국'이다.

이 노래는 본래 건전가요 모음집인 컴필레이션 음반 '아! 대한민국'에 신인 가수 정수라와 장재현의 듀엣곡으로 실렸다가, 정수라의 독집에 실리면서 상업적으로도 크게 성공했다. 정수라는 이 노래로 KBS와 MBC의 연말 시상식에서 여자 신인가수상을 수상했다.

그러나 '아! 대한민국'이 그 당시에 제2의 애국가라고 불릴 정도로 전두환 정권의 체제 홍보용으로 널리 쓰이면서 정수라를 곱게 보지 않았던 시선이 드물게나마 존재했던 것도 사실이다.

가사의 내용은 아름다운 우리 조국 대한민국이 '원하는 것은 무엇이건 얻을 수 있고, 뜻하는 것은 무엇이건 될 수가 있는 나라'라는 최상의 찬사를 담고 있다. '아! 대한민국'의 작사자 박건호는 "사회정화위원회(바르게살기운동 중앙협의회의 전신)의 요청에 따라 건전가요로 작사하기는 했지만, 특정 정권에 아부하기 위해 쓴 작품이 아니었고 이상적인 국가에 대한 본인의 바람을 솔직히 쓴 것뿐이었다"고 회고한 적이 있다.

'국민의 관심을 딴 곳으로'
3S정책

전두환 정권은 취약한 정통성에 대한 불안으로 국민들의 정치에 대한 관심을 다른 곳으로 돌리기 위해 이른바 '3S정책'에 매진한다. 즉 스포츠(Sport), 스크린(Screen), 섹스(Sex)에 의한 우민(愚民)정책의 일종이다.

전두환은 스포츠의 위력을 잘 알고 있었고 역대 어느 정권보다 치밀하게 이용했던 대통령이었다. 선진국에서만 가능하다던 프로야구가 1인당 국민소득이 2000달러도 안 되던 한국에 탄생한 데에는 이유가 있었다.

프로야구에 가장 열광적인 반응을 보인 곳은 광주였다. 프로 통산

아홉 번 한국시리즈 우승의 금자탑을 세웠던 해태 타이거즈. 그들은 창단 초만 해도 선수 부족으로 인해 최약체로 분류되던 팀이었다. 출범 당시 해태가 보유했던 선수는 다른 팀의 절반에 불과한 16명이었다.

1982년 3월 27일 프로야구 개막식에서 시구를 하고 있는 전두환 대통령. 경호원들은 이날 심판 옷을 입고 경호를 했다

창단 첫해 6개 팀 중 4위에 머물렀던 해태는 이듬해부터 연승 가도를 달리기 시작한다. 팬들의 열기는 폭발적이었다. 그들은 야구장에 모여 함께 환호하고 마음껏 울분을 토했다. 그들에게 해태의 승리는 곧 광주의 승리였다. 광주의 한과 설움은 해태 우승의 동력이었고, 해태의 승리는 광주의 분노를 야구장으로 결집시킨 힘이었다.

그러나 해태 열풍은 역설적이게도 프로야구의 정치적 의도가 성공하게 되는데 가장 큰 기여를 했다. 졸속 출범이라는 비난에도 불구하고 프로야구의 열풍은 곧 전국을 강타했다.

프로야구는 전두환 정권에 '일석이조'의 효과를 안겨 주었다. 하나는 광주의 분노와 끓어오르는 민심을 야구장에 묶어 두는 것이었고 다른 하나는 프로야구 열기를 통해 국민들 사이에 스포츠 붐을 달성하는 데 성공한 것이다. 전두환 정권에게는 단시간 내에 일어날 스포츠 붐이 절실하게 필요했다. 전두환 정권의 최고 걸작품인 올림픽을 유치했기 때문이었다.

1982년 5월 영화 '여자의 함정'을 상영하고 있는
명보극장. '애마부인'이후 최고의 관객이 몰렸다

88올림픽 유치 성공, 그것은 전두환에게 극적인 반전의 기회였다. "올림픽을 정치적으로 이용하지 않겠다" 이 말은 올림픽 유치에 성공한 지 불과 열흘 뒤에 전두환이 했던 말이다. 이러한 발언은 그가 올림픽과 정치의 관계를 정확하게 꿰뚫고 있었다는 것을 의미한다.

정치적으로 이용하지 않겠다던 올림픽, 하지만 올림픽은 5공화국 정치 전략의 핵심이 된다. 올림픽 유치에 성공한 한국은 이듬해부터 완전 달라졌다. 학생들의 두발과 교복 자율화를 시작으로 통행금지 해제 등 자유화의 바람이 불어 닥쳤다. 오랜 족쇄에서 풀려난 사람들은 거리로 쏟아져 나왔다.

술집들이 호황을 맞았다. 호프집이 대중화되고 룸살롱과 스탠드바 등 신종 향락업소들이 폭발적으로 늘어나기 시작했다. 유흥가들이 속속 생겨나면서 도시의 밤은 갈수록 화려해져 갔다.

통금해제 한 달 후 심야 영화관이 문을 열었다. 자정이 넘은 시간까지 성인 영화를 상영했고 밤마다 영화관 앞에는 사람들이 길게 줄을 섰다. 첫 상영작이었던 '애마부인'은 31만 명의 관객을 동원해 그해 한국영화 흥행 1위에 올랐다. 파격적인 검열의 완화는 스크린의 판도를 바꿔 놓았다. 1982년 개봉된 한국영화 중 무려 60%가 애로영화로 불리던 성인영화였다. 그러나 표현의 자유가 모든 영화에 허락되지는 않았다. 정치적인 검열은 여전했다.

프로야구의 흥행 성공과 올림픽에 대한 국민의 관심과 지지는 전두환 정권이 정치적 안정을 이루는 발판이 된 것이다.

LA올림픽 한 달 후 전두환은 타임지의 표지를 장식했다. 광주 학살의 원흉이라는 이미지를 벗고 평화의 제전 올림픽을 치르는 주최국 대통령으로 국제무대에 화려하게 등장하게 된 것이다.

전두환은 재임 중 88 서울올림픽을 유치했지만 개막식에 참석하지 못했다. 5공 청산 문제 등으로 인한 갈등과 여론 악화로 '자의반 타의반'으로 불참했다. 전두환은 올림픽 개막식 두 달여 후 백담사로 '유배'됐다.

극과 극의
'대한민국'

정수라는 '우리의 마음속에 이상이 끝없이 펼쳐지는 곳'이라며 대한민국을 '파라다이스'라고 노래했지만 정태춘은 '지상낙원 대한민국'을 반어적으로 조목조목 반박했다.

정수라는 '저마다 누려야할 행복이 언제나 자유롭다'고 목청을 높였지만 정태춘은 '최저 임금도 받지 못해 싸우다가 쫓겨난 공순이들은 말고'라고 자조했다.

우린 여기 함께 살고 있지 않나

사랑과 순결이 넘쳐흐르는 이 땅

새악시 하나 얻지 못해 농약을 마시는

참담한 농촌의 총각들은 말고

특급호텔 로비에 득시글거리는

매춘 관광의 호사한 창녀들과 함께

우린 모두 행복하게 살고 있지 않나

우린 모두 행복하게 살고 있지 않나

아 우리의 땅 아 우리의 나라

우린 여기 함께 살고 있지 않나

기름진 음식과 술이 넘치는 이 땅

최저임금도 받지 못해 싸우다가 쫓겨난

힘없는 공순이들은 말고

하룻밤 향락의 화대로 일천만 원씩이나 뿌려대는

저 재벌의 아들과 함께

우린 모두 풍요롭게 살고 있지 않나

우린 모두 만족하게 살고 있지 않나

아 대한민국 아 우리의 공화국

산문적인 어조로 나지막하게 시대의 모습을 비판적으로 담아내고
있는 정태춘의 '아, 대한민국'은 정수라가 부른 '대한민국'의 또 다른

유행가는 역사다

그늘임에 틀림없다. 그러나 우리의 조국 '대한민국'은 정수라의 노래처럼 그렇게 천국도 아니지만, 정태춘의 노래처럼 그렇게 지옥도 아니다.

설혹 요즘 젊은 사람들이 말하는 것처럼 이 땅이 '헬조선'으로 변해간다면 이를 바꿔야 하는 주체가 따로 있는 것이 아니다. 우리의 조국 대한민국을 더 좋은 나라로 만들어 나가야 할 주체는 '그들'이 아닌 바로 '우리'다.

'노찾사' 2집 앨범 표지

그날이 오면 (6월항쟁)

한밤의 꿈은 아니리 오랜 고통 다한 후에
내 형제 빛나는 두 눈에 뜨거운 눈물들
한줄기 강물로 흘러 고된 땀방울 함께 흘러
드넓은 평화의 바다에 정의의 물결 넘치는 꿈

그날이 오면 그날이 오면
내 형제 그리운 얼굴들 그 아픈 추억도
아 짧았던 내 젊음도 헛된 꿈이 아니었으리
그날이 오면 그날이 오면

그날이 오면 그날이 오면
내 형제 그리운 얼굴들 그 아픈 추억도
아 피맺힌 그 기다림도 헛된 꿈이 아니었으리
그날이 오면 그날이 오면

24

그
해
여
름,

그
들
의
선
택
이

세
상
을
바
꾸
다

2017년 12월 26일 저녁 8시. 서울 용산 아이파크몰 CGV 12관에 동아미디어그룹 임직원을 위한 영화 '1987' 무료 시사회 자리가 마련 됐다. 개봉 하루 전에 열린 이 시사회는 영화 제작과 관련해 동아일 보가 제호 및 당시 기사가 실린 신문 사용을 허락해준 데 대한 제작 사 측의 감사 표시였다.

박종철의 죽음과 이어진 6월항쟁을 다룬 영화 '1987' 속에는 동아 일보 기자들의 활약이 녹아있다. 서울대생 박종철의 죽음이 경찰의 물고문에 의한 것이라는 사실을 밝힌 윤상삼 기자(이희준 분) 등 동아 일보 기자들이 전두환 정권의 '보도지침'에 맞서 진실을 추적하는 모 습이 배우들의 열연으로 주목 받았다.

동아일보 기자 출신인 이낙연 국무총리는 영화 관람 후 페이스북에 "저는 1987년 야당 담당 기자로 6월 서울시청 앞 광장의 집회를 취재했다"며 "동아일보 윤상삼 기자가 1999년 순직하셨을 때는 제가 장례위원장을 맡았다"고 술회했다.

러닝타임 130분이 끝났지만 관객들은 쉽게 자리를 뜨지 못했다. 옆 좌석 선후배들의 얼굴은 눈물로 얼룩져 있었다. 이한열 합창단의 '그날이 오면' 노래를 배경으로 스크린 가득 펼쳐지는 엔딩 영상은 당시 실존 인물들과 30년 전 사람들로 가득한 시청광장 모습 등을 담고 있었다.

'그날이 오면'은 민중가요 노래패인 '노래를 찾는 사람들'(노찾사)이 가장 대중적 성공을 거둔 앨범인 2집에 수록되어 있다. 노찾사의 2집에는 1980~90년대 대학을 다닌 사람들이라면 누구나 귀에 익숙한 노래들인 '솔아솔아 푸르른 솔아', '광야에서', '사계', '이 산하에', '잠들지 않는 남도', '마른 잎 다시 살아나' 등도 함께 실려 있다.

노찾사 2집은 진보적 노래운동의 성과가 상업적 대중가요 음반시장 안에 의도적으로 진입해 성공한 우리나라 대중가요 사상 최초의 기념비적 음반이다. 2집 음반 출시 후 '솔아솔아 푸르른 솔아', '광야에서', '사계'는 당시 가요 순위 프로그램 상위권에 동시에 랭크되기도 했다. 특히 '사계'는 MBC 대학생 퀴즈 프로그램 '퀴즈 아카데미'의 타이틀 음악으로 사용되기도 했다. 이 음반은 발매 후 1년 만에 50만장 판매를 돌파했고 이후 1990년대 초중반까지 80만장 이상이 팔렸다.

노찾사 2집 이후 안치환은 솔로 활동을 시작해 '내가 만일', '사람이 꽃보다 아름다워' 등을 히트시키며 인기가수 반열에 올랐고, 권진원은 3집 이후 솔로로 나서 '살다보면' 등의 노래로 주목을 받았다.

'탁' 하고 치니까
'억' 하고 죽었다?

1985년 2·12 총선 이후 국민들의 민주화에 대한 열망에도 불구하고 전두환 정권의 민주화 운동 탄압은 극심했다. 이러한 상황에서 반전의 계기를 가져온 것이 1987년 초에 일어난 박종철 고문치사 사건이었다. 일명 '탁억 사건'이었다.

당시 운동권 선배 박종운(전 한나라당 부천 오정 지구당위원장)의 행방을 캐묻기 위해 박종철을 연행한 경찰들이 그에게 물고문을 가한 끝에 사망하자 물고문 사실을 은폐할 목적으로 온갖 공작을 펼쳤다. 그래서 생겨난 희대의 망언이 '탁! 하고 치니까 억! 하고 죽었다'는 것이다.

박종철의 부친 박정기는 억장이 무너졌다. 부산에서 급히 서울로 올라온 박정기는 벽제화장장에서 화장한 아들의 유골을 임진강 샛강에 뿌리며 오열했다. 당시 현장을 취재한 동아일보 황열헌 기자의 1987년 1월 17일자 6면 현장칼럼 '창(窓)'의 한 대목이다.

"두 시간여 화장이 계속되는 동안 아버지 박정기 씨(57)는 박 군의 영정 앞에서 정신 나간 듯 혼잣말을 계속했고 어머니 정차순 씨(54)는 실신해 병원으로 옮겨졌다. 화장이 끝난 박 군의 유골은 분골실로 옮겨졌고 잠시 뒤 하얀 잿가루로 변해 박 군의 형 종부 씨(29)의 가슴에 안겨졌다.

종부 씨는 아무 말 없이 박 군의 유해를 가슴에 꼭 끌어안은 채 경찰이 마련한 검은 색 승용차에 올랐다. 잠시 후 일행은 화장장 근처의 임진강 지류에 도착했다. 아버지 박 씨는 아들의 유골가루를 싼 흰 종이를 풀고 잿빛 가루를 한 줌 한 줌 쥐어 하염없이 샛강 위로 뿌렸다.

'철아, 잘 가그래이…' 아버지 박 씨는 가슴 속에서 쥐어짜는 듯한 목소리로 말했다. 아버지 박 씨는 끝으로 흰 종이를 강물 위에 띄우며 '철아, 잘 가그래이…. 이 아부지는 아무 할 말이 없다이…'라고 통곡을 삼키며 허공을 향해 외쳤다."

동아일보 '창'에 실린 황열헌 기자의 칼럼은 수많은 사람들의 심금을 울리면서 박종철 관련 시위나 추도행사의 플래카드에도 등장했다.

당시 경찰병원은 서울 중부경찰서 관내에 있었다. 중부경찰서를 담당하던 황열헌 기자는 16일 박종철의 시신을 화장하는 벽제화장터에 가보기로 했다. 다른 신문기자들은 "기사도 안 나가는데 뭐 하러 가느냐"며 움직이지 않았다. 황 기자는 평소 죽이 맞던 한국일보 유동희 기자에게 "역사의 현장에 가보자"고 권유했다. 이렇게 해서 두 기자는 박종철 유골을 뿌리는 임진강 샛강까지 동행하게 된 것이다.

황 기자는 박종철의 아버지가 한 말은 정확히 "철아 잘 가그라이"라고 지금도 기억하고 있다. 그러나 부산 출신으로 경상도 사투리에 밝은 김차웅 차장이 데스크를 보는 과정에서 '잘 가그래이'로 바꿨다.

그날 저녁 동아일보 사회부 데스크와 기자들은 황 기자의 취재 목격담을 들으며 숙연해졌다.

"현장에 있던 사건기자 두 명이 모두 울었습니다. 취재고 뭐고 집어치우고 소주나 한 잔 했으면 하는 심정이었는데, 취재차에 다시 올라타 유족들을 뒤따를 때는 가슴이 미어지더군요."

"박종철 사건 조작"
감옥에서 날린 '비둘기'

그런데 박종철 사망 후 부검을 실시해본 결과 시신은 수많은 피멍과 물고문, 전기고문의 흔적들이 역력했고 당시 부검의가 고문에 의한 사망임을 정식으로 확인하면서 사태는 일파만파로 커졌다. 국민들은 분노의 표시로 경적 시위를 하기도 했다. 결국 고문 경찰들을 처벌하는 것으로 사건은 일단락되는 것처럼 보였다.

한편 전두환은 "개헌 논의는 곧 있을 서울 올림픽 끝나고 하자"는 4·13 호헌조치를 발표하면서 대통령 직선제 개헌 논의를 묵살했다. 국민들의 민심은 격앙되었다. 1985년부터 야당인 신한민주당(신민당)은 대통령 간선제안(案)에 대해 '헌법 개정 1000만인 서명 운동'을 추진하는 등 직선제 개헌을 주장하고 나섰다. 여당인 민주정의당(민정당)에서도 이를 무시할 수 없어 대통령 간선제안에 대한 교섭을 진행하던 시점이었다.

민정당과 신민당 두 당이 제시한 개헌안의 내용은 매우 달랐다. 여당인 민정당은 의원내각제를 주요한 내용으로 삼은 반면 야당인 신민당은 대통령 중심제를 주장했다. 야권의 기세가 올라 있는 상황에서 대통령 직선제 선거가 실시될 경우 정권교체 가능성이 크다고 본여권에서는 대통령과 총리의 권한이 양분되는 의원내각제안을 추진한 것이다.

이런 상황에서 신민당 총재 이민우가 의원내각제 추진에 호응하는 듯한 '이민우 구상'을 발표하면서 신민당은 분열한다. 결국 신민당 주류인 김영삼의 상도동계와 김대중의 동교동계가 일거에 탈당하여 새로 통일민주당을 창당한다.

이런 와중에 천주교정의구현전국사제단의 김승훈 신부가 5·18 민주화운동 7주기 추모미사에서 "박종철의 고문치사 사건이 축소·은폐되었고 고문경찰은 모두 5명이었다"는 내용을 폭로하면서 국민들의 분노는 더욱 높아졌다.

정의구현사제단의 발표 과정은 매우 극적이었다. 당시 고문치사 사건 주범들은 사건의 축소·은폐로 자신들이 모든 죄를 뒤집어쓴 것에 대해 억울해하며 영등포교도소 감방에서 소리를 질러댔다. 이것을 우연히 근처 방에 수감 중이던 재야인사 이부영(전 동아일보 기자)이 듣게 되어 안유 보안계장에게 문의했더니 "박종철 사건이 은폐·조작되고 있다"는 충격적인 사실이 흘러나온 것이다.

이부영은 크게 분노하여 관련 내용을 종이에 빼곡히 써서 다른 교도관인 한재동을 통해서 외부에 내보냈고, 이를 받은 김정남(전 청와대 사회교육문화수석)이 정의구현사제단에 전달하여 발표하게 된 것이다. 이부영이 한재동 교도관을 통해 김정남에게 날린 '비둘기'(감옥에서 몰래 보내는 편지)는 모두 4통이었다.

1987년 1월 24일 고려대 교문 앞에서 박종철 고문치사 항의시위를 벌이고 있는 대학생들

김승훈 신부에 의해 다시 날게 된 '비둘기'는 거대한 날갯짓으로 세상을 바꿨다. 여론은 폭발했고 재야단체들이 뭉치기 시작했다. 5월 27일 향린교회에서 '민주헌법쟁취 국민운동본부(국본)'가 결성되어 그간 분열되어 있던 민주세력이 하나의 목소리를 내기 시작했다. 국본은 6월 10일 민정당의 대통령 후보 지명 전당대회 날에 맞춰서 박종철 고문치사 사건 은폐를 규탄하는 집회를 서울을 비롯한 전국 22개 도시에서 열기로 했다.

쓰러진 또 한 명의 대학생, 이한열

　　　6월 9일, 전국의 각 대학 학생들은 다음날 집회를 앞두고 교정에서 사전 집회를 연다. 연세대도 예외가 아니어서

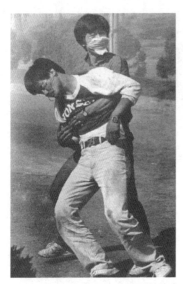

1987년 6월 9일 연세대 '6·10대회 출정 연세인 결의대회' 시위에서 경찰이 쏜 최루탄을 맞고 쓰러진 이한열을 부축하고 있는 이종창

1,000여 명이 노천극장에 모여 집회를 진행했다. 그런데 사전 집회가 끝나고 교문 앞으로 이동하면서 사건이 발생한다. 학교 밖으로 진출하려는 학생들에게 경찰이 최루탄을 발사했는데, 그 중 한 발이 경영학과 2학년 이한열의 후두부를 직격한 것이다.

이한열은 쓰러졌고, 같은 학교 도서관학과 이종창이 겨우 부축해서 근처의 세브란스병원으로 이송한다. 그리고 피 흘리며 쓰러진 이한열을 이종창이 힘을 다해 부축하는 장면을 당시 로이터 통신 사진기자인 정태원 기자가 담아냈고, 이 사진이 뉴욕 타임스 1면과 중앙일보에 보도되면서 사건은 걷잡을 수 없이 커지게 된다.

이한열이 최루탄에 맞아 뇌사 상태가 됐다는 소식이 전해지면서 학교 전체가 뒤집혔다. 예비역 출신부터 과격한 시위를 벌이는 운동권에 반감을 가지던 학생들까지 모두가 뭉쳐 세브란스병원 중환자실을 지키러 나섰다. 당시엔 과도한 공권력 사용으로 인해 사망한 사람들의 시신을 경찰이 탈취해 강제로 부검한 뒤 사망 원인을 조작하여 책임을 회피하는 사례가 많았기 때문이다.

유행가는 역사다

6월 10일, 전두환 정권은 집회를 봉쇄하기 위해 온갖 수단을 다 썼다. 12시에 선언문 발표가 예정된 대한성공회 서울주교좌성당을 수일 전부터 봉쇄했다. 또 당일 차량 경적 시위에 동참할 것을 우려해 "경적을 울리는 모든 차량운전자는 도로교통법 위반으로 잡아넣겠다"고 뉴스를 통해 으름장을 놓았으며 서울 시내버스와 택시의 경적을 제거했다.

그러나 6월 10일 저녁 6시, 서울시내 곳곳에서 집회가 열린다. '국본'의 방침대로 저녁 6시에 차량 경적을 신호로 시민들이 거리로 쏟아져 나온 것이다. 경찰이 시위대들을 보이는 대로 체포하는 가운데 일부가 명동성당으로 피신하면서 이른바 '명동성당 농성투쟁'이 시작되었다. 이미 5월 이전부터 진행 중이었던 시위를 특별히 '6·10 항쟁' 또는 '6월항쟁'이라고 하는 이유가 여기에 있다.

전두환 정권은 6월 10일의 대규모 시위로 일순 긴장했지만 이내 자신감을 회복했다. 13~14일의 주말이 찾아오면서 시위가 소강상태에 이르렀고 가장 우려한 광주가 첫 날을 빼고 비교적 조용했기 때문이다. 이 자신감과 내각 내 온건파의 주장으로 치안 당국은 명동성당 농성자들에게 농성을 중단하면 아무도 구속하지 않고 무사 귀가를 보장한다고 약속했다. 농성자들은 찬반 투표 끝에 이 제안을 받아들였다.

그러나 이 모든 것은 오판이었다. 월요일이 되자마자 주말 시위가 소강 상태였다는 것이 믿기지 않을 정도의 인파가 다시 거리로 몰려

나왔다. 특히 지역의 주요 대학가들은 일제히 6월 15일을 신호탄으로 하여 본격적인 시위를 시작했다.

경찰이 무차별로 쏘아대는 최루탄에 반대하는 '최루탄 추방 대회' 가 6월 18일 전국 각 도시에서 열렸다. 이때의 시위 참가자 규모는 150만 명으로 추산되었으며 이에 당황한 전두환 정권은 계엄령 선포 까지 검토할 정도에 이르렀다.

전두환 정권,
결국 '백기'를 들다

그러나 국민들의 거센 저항에 전두환 정권은 결국 타협을 택했다. 먼저 민정당은 6월 21일 비상 의원총회를 열어 대통령 직선제에 대해 본격적으로 고민하기 시작했다. 다음 날인 22 일에 전두환 대통령은 위기상황 타개를 위해 통일민주당 김영삼 총재 를 만날 용의가 있다고 했다.

이틀에 걸쳐 협상을 조율한 끝에 24일 전두환과 김영삼의 영수회 담이 성사되었지만, 김영삼이 요구한 대통령 직선제, 선택적 국민투 표, 구속자 석방 등을 전두환이 거부하면서 회담이 결렬되었다.

그러나 같은 날 전두환 대통령과 한국국민당 이만섭 총재의 회담 도 이루어졌는데, 이때 이만섭은 "깨끗이 직선을 해서 국민 심판을 받도록 하시지요. 그래서 동교동, 상도동 머리 처박고 싸우게 하고 이 쪽은 정정당당하게 물가 안정, 올림픽 가지고 심판받는 게 좋습니다"

라고 했다. 25일에는 김대중이 가택 연금에서 풀려났다.

드디어 6월 29일, 노태우 민정당 대통령 후보가 직선제 수용 선언(6·29 선언)을 하면서 6월항쟁은 막을 내린다. 이 6월항쟁의 결과물로 대한민국 역사상 9번째의 개헌이 이루어졌다. 직선제를 담고 있는 이 헌법은 1987년 10월 27일 국민투표를 통해 확정된다.

6·29 선언의 후속 조치로 7월 9일 김대중이 사면 복권되자 통일민주당은 대통령 후보로 김영삼과 김대중 중에서 누가 출마할 것인가라는 새로운 문제에 직면한다. 대립과 갈등 끝에 김대중이 평화민주당을 창당하면서 야권후보 분열은 기정사실화 된다.

결국 야권 후보가 분열된 상태에서 12월 16일 실시된 제 13대 대통령 선거 결과는 민정당의 노태우 36.6%, 민주당의 김영삼 28%, 평민당의 김대중 27.1%, 공화당의 김종필 8.1%로 나타나 민정당의 노태우가 당선되었다.

31년 후,
박종철 곁으로 떠난 아버지

2018년 7월 28일. 박종철의 아버지 박정기가 그리운 아들 곁으로 떠났다.

임종석 대통령 비서실장, 조국 청와대 민정수석, 박상기 법무부 장관, 김부겸 행안부 장관, 문무일 검찰총장, 추미애 민주당 대표, 박원순 서울시장, 이해찬 의원 등이 빈소를 찾아 조문했다. 문재인 대통령은 이날 페이스북을 통해 "아버님은 아들을 대신해, 때로는 아들 이상으로 민주주의자로 사셨다"며 추모했다.

박종철 사망 당시 아버지 박정기는 정년퇴직을 한 해 앞둔 부산시 수도국의 공무원이었다. 박종철 사건 이후 공안당국은 박정기가 누구와 만나는지, 조의금을 누구에게 얼마나 받았는지, 야당 인사를 접촉하고 있는지 등을 모두 감시했다. 심지어 첫째 아들 결혼 준비를 위해 가족들이 서울에 왔을 때도 이들이 어느 여관에 묵는지까지 샅샅이 조사해 상부에 보고했다.

아들을 떠나보낸 박정기는 이후 거리로 나서서 같은 처지의 사람들을 만나고, 전국민족민주유가족협의회(유가협) 활동에 앞장선다. 이한열의 어머니 배은심, 전태일의 어머니 이소선이 모두 유가협에서 함께 싸운 '동지'였다.

1999년 '민주화운동 관련자 명예회복 및 보상 등에 관한 법'과 '의문사 진상규명에 관한 특별법'이 국회를 통과하자 박정기는 그제야 "동지가 되어 달라'는 아들 부탁을 들어준 것 같았다"고 회고했다. 박종철이 "데모 그만하라"는 부모에게 오히려 "동지가 되어 달라"고 했던 말을 떠올린 것이다.

"철아, 잘 가그래이. 아부지는 아무 할 말이 없데이." 아들의 유해를 임진강에 뿌리며 이렇게 말했던 박정기는 2015년 그의 삶이 담긴 책 '유월의 아버지'가 나왔을 때는 하늘에 있는 아들에게 이렇게 말했다.

"철아, 어머니 아버지는 너를 길렀고 너는 어머니 아버지의 남은 인생 살이를 개조한 큰일을 했다. 막내야, 다음에도 나는, 이 아버지는 민주화운동을 할 거야. 역사에 없어도 나는 네가 하다 간 그것 할 거야!"

박정기의 부산 빈소에 민갑룡 경찰청장도 조문했다. 민 청장은 장례식장에 비치된 방명록에 "평생을 자식 잃은 한으로 살아오셨을 고인에 대해 속죄하는 마음"이라고 글을 남겼다. 아들 곁으로 간 박정기는 '경찰'의 사과를 받아들였을까?

1987년 당시 "탁 하고 치니 억 하고 죽었다"고 발표한 치안본부장 강민창도 박정기가 별세하기 22일 전인 7월 6일 노환으로 쓸쓸히 세상을 떠났다.

'홀리데이' 앨범 표지

홀리데이 (지강헌 인질사건)

Ooh you're a holiday, such a holiday
당신은 휴일같이 편한 사람입니다, 정말로 휴일같이 편한

Ooh you're a holiday, such a holiday
당신은 휴일같이 편한 사람입니다, 정말로 휴일같이 편한

It's something I thinks worthwhile
그것은 가치 있는 일입니다

If the puppet makes you smile
꼭두각시놀음으로 당신을 웃게 한다면 말입니다

If not then you're throwing stones
당신이 그 놀음에 웃지 않아 돌을 던질지라도 말입니다

Throwing stones, throwing stones
돌을 던질지라도, 돌을 던질지라도

Ooh it's a funny game
오, 그것은 흥미진진한 놀음입니다

Don't believe that it's all the same
그 놀음이 언제나 똑같다고 믿지는 마세요

Can't think what I've just said
방금 뱉은 말도 생각나지 않을 수 있어요

Put the soft pillow on my head
내 머리를 쉬게 해주세요

25

유전무죄
무전유죄,
그들이 꿈꾼 세상

1988년 10월 16일. 국민들은 핏발선 눈으로 권총을 머리에 겨눈 채 절규한 한 남자의 말을 되뇌며 전율했다.

"유전무죄(有錢無罪), 무전유죄(無錢有罪)."

그의 말보다 더 한국 사회의 불평등을 굵고 짧게 나타낸 표현이 있었을까? 권총을 든 남성이 비지스의 '홀리데이(Holiday)'를 들으며 죽음을 선택하는 장면은 할리우드 갱영화나 홍콩 느와르를 연상시켰다.

권총을 든 남성의 이름은 지강헌. 당시 34세였다. 1988년 10월 8일 영등포교도소에서 공주교도소로 이송되던 지강헌 등 12명이 탈출해 서울 시내로 잠입했다. 이 과정에서 호송교도관은 권총을 탈취당했다. 이들은 형기를 마쳤지만 보호감호처분 명분으로 풀려나지 못

하고 또 다시 옥살이를 가야 하는
것에 큰 불만을 품고 세상 밖으로
뛰쳐나갔다.

지강헌의 경우 상습범이지만
556만 원을 훔친 죄로 징역 7년,
보호감호 10년 등 총 17년형이 떨
어졌다. 지강헌은 눈앞이 캄캄하고

1988년 10월 16일 서울 서대문구 북가좌동 고 모
씨 집에서 인질극을 벌이고 있는 탈주범 지강헌

앞길이 막막했다. 반면 73억 원을 횡령한 전두환 전 대통령의 동생 전
경환에게는 불과 징역 7년의 선고가 내려진 것에 분노했다.

이 중 7명은 추가 범죄를 저지르거나, 룸살롱에서 술을 마시거나,
고향집을 찾던 중에 붙잡히거나 자수를 하면서 '짧은 자유'에 종지부
를 찍었다. 지강헌 일당의 인질극에 동참하지 않은 김길호는 홀로 도
주해 숨어 지내다가 탈주한지 1년 9개월만인 1990년 7월 1일 경찰에
체포되었다.

조기에 체포되지 않은 5명 중 지강헌, 안광술(22세), 강영일(21세),
한의철(20세) 등 4명은 경찰의 검문을 피해 서울 시내를 전전하다가
10월 15일 밤 9시 40분쯤 서울 서대문구 북가좌동 고 모 씨의 가정
집에 침입해 가족을 인질로 잡았다.

당시 탈주범들이 침입해 공포에 사로 잡혔던 고 씨 가족들은 침착
하게 대응하며 긴장을 완화시켰다. 그 덕에 인질범들도 마음의 안정
을 찾아 마치 친구나 친척집에 온 것 같이 편안하게 식사하고 대화를
나누고 밀린 잠을 자기도 했다.

유행가는 역사다

그러나 언제 이들의 태도가 바뀔지 모른다는 불안감을 느낀 아버지 고 씨가 인질범이 잠에 빠져 감시가 소홀한 틈을 타서 16일 새벽 4시 쯤 탈출하여 인근 파출소에 "권총 든 탈옥수들이 가족을 인질로 잡고 있다"고 신고했다. 곧바로 경찰 병력 1,000여 명이 집을 포위하면서 새 벽 4시 40분부터 지강헌 일당과 대치에 들어갔다.

"유전무죄 무전유죄"
지강헌의 절규

지강헌 일당은 마치 테러리스트처럼 자신들 의 주장을 TV로 생중계해달라는 요구를 하게 되고, 경찰은 그 요구 를 수용했다. 몰려든 방송사의 카메라와 마이크는 사상 초유의 '인질 극 생중계'를 하게 됐다. 갑자기 '거물'이 된 듯한 인질범들은 공명심 과 과시욕이 고조된 가운데 탈주극을 벌이게 된 원인인 억울함을 정 제되지 않은 말로 쏟아냈다.

그 가운데 지강헌이 자신의 삶에 대해 늘어놓은 독백, 특히 어린 시절 '시인'을 꿈꿨다는 이야기 등이 장안의 화제가 되기도 했다. 특히 유명했던 말은 지강헌의 '유전무죄 무전유죄'였다. 지강헌은 "돈 없고 권력 없이는 못 사는 게 이 사회다. 전경환의 형량이 나보다 적은 것 은 말도 안된다. 대한민국의 비리를 밝히겠다. 돈이 있으면 판검사도 살 수 있다. 유전무죄 무전유죄, 우리 법이 이렇다"고 외쳤다.

'유전무죄 무전유죄'는 현재까지 돈 있고 힘 있는 사람들은 죄를 저질러도 큰 벌을 받지 않고 돈 없고 힘없는 사람들은 조그만 잘못에도 큰 벌을 받는 공평하지 않은 사법 현실을 풍자하는 표현으로 널리 사용되고 있다.

대치를 이어가던 16일 정오 무렵, 지강헌은 강영일에게 "밖에 나가서 경찰이 약속한 도주용 승합차가 준비되었는지 확인해 보라"고 지시했다. 밖에 나온 강영일이 승합차가 준비되지 않은 사실을 확인하고 집 안으로 들어가려 할 때 지강헌은 "내가 주는 마지막 선물이다"며 땅바닥을 향해 총을 쐈다. 후배인 강영일에게 '죽음의 공간'으로 들어오지 말고 자수해서 너만이라도 살라고 강권했던 것이다. 끝까지 함께 하겠다며 자수하기를 거부했던 강영일은 결국 지강헌의 뜻을 받아들여 자수를 하게 되고, 4명 중 유일하게 살아남은 사람이 된다.

그 사이 안광술과 한의철은 지강헌에게서 총을 가져간 뒤 차례로 자살했다. 두 공범이 자살한 뒤 자포자기 심정이 된 지강헌은 경찰에게 자신이 가장 좋아하는 팝그룹 비지스의 '홀리데이' 노래가 들어있는 카세트테이프를 요구했다.

지강헌은 '홀리데이'를 들으며 창문을 깨 만든 유리조각으로 목을 찔러 자살을 기도했고, 이를 지켜본 인질이 비명을 질렀다. 경찰특공대가 인질이 위험한 것으로 판단하여 즉각 진입하여 지강헌의 다리와 옆구리에 총을 발사했다. 세브란스 병원으로 실려 간 지강헌은 몇 시간 뒤 과다출혈로 숨졌다.

사건 이후 당시 인질극의 대상이었던 큰딸 고 모 씨는 유일한 생존자 강영일을 위해 서울경찰청에 탄원서를 보낸다. 지금은 미국으로 이민을 간 고 씨의 탄원서 내용은 다음과 같다.

"상기인은 1988년 10월 15일 탄원인의 집에 들어와 다음날인 16일 오후 12시까지 인질극을 벌였습니다. 비록 그가 인질범이며 탈주범이기는 하나 저희 집에 들어와 우리를 인질로 잡고 있으면서도 그리고 탄원인의 아버지가 신고를 했음에도 불구하고 저희에게 단 한 번의 폭언이나 폭행이 없었던 것으로 보아 분명 심성이 착한 이였음을 알 수 있었습니다.

1988년 10월 16일 인질극 중 밖에 나왔다 다시 집 안으로 못 들어가고 체포된 유일한 생존자 강영일

그는 오히려 불안에 떠는 저희를 진정시키며 아버지를 미워하거나 원망하지 말라는 말과 함께 정말로 미안하다는 말을 수시로 했습니다. 물론 그가 지은 죄는 사회적으로 국민들에게 지탄을 받아 마땅하나 저희집에 들어와 취한 인간적인 면을 생각하여 정상 참작해 주시면 감사하겠습니다."

'유일한 생존자'
강영일의 삶과 꿈

유일한 생존자 강영일은 인질사건 이후 19년형을 마치고 2008년에 출소했다.

강영일은 2013년 2월 27일 채널A 다큐 프로그램 '그때 그 사람'에 출연해 사건 당시의 상황과 소박한 삶에 대한 그리움을 털어놨다. "평범한 삶을 제일 부러운 삶으로 생각한다. 외제차 타고 다니며 떵떵대는 것보다 가족과 웃고 사는 것, 그게 제일 부럽다"라고 고백했다.

다음은 채널A '그때 그 사람' 방송을 앞두고 시사월간지 '신동아'가 강영일과 만나 인터뷰한 내용의 일부이다.

"우선 커피나 한잔 하자"는 말에 그는 "우유 되나요?"라고 물었다. 그 순간 26년 전 그날이 떠올랐다. TV를 통해 전국에 생방송된 사건 현장에서 그는 빙그레 우유를 벌컥벌컥 마시며 고함을 질러댔다. 술에 취했는지 눈빛은 흐렸고, 불안과 초조함이 스물 한 살의 청년을 짓누르던 모습. 4시간의 인터뷰 후 우유를 좋아하느냐고 물었더니 "제가 징역만 오래 살아서 귀가 얇은데. 책에서 보니 우유가 완전식품이라서요"라며 수줍게 웃었다.

출소 후 어떻게 지냈습니까?

신학대 다니면서 아르바이트를 했어요. 노가다도 하고 식당 일도 하고. 냉온수기 소독, 안경알 배달 일도 했고, 인사동에서 액세서리를 판 적도 있어요. 겨울엔 군고구마, 여름엔 아이스크림 장사도 했고요. 근데 아르바이트로는 형편이 나아지지 않아서 3학년 때 학교 그만두고 돈을 벌려고 했는데 허리가 아프기 시작했어요. 퇴행성 디스크라고….

직장을 가지려고 한 적은 없나요?

제가 미싱 기술이 있거든요. 봉제공장에 취직하려고 했어요. 굳이 전과 숨기기 싫어서 오픈하면 "다음에 연락드리겠습니다" 하더라고요. 근데 다음에 연락 주는 일은 없잖아요. 뭐 그렇죠. 아직은.

형기에 불만이 있었다고요?

구치소에서 잠실 살던 형과 같이 있었는데, 2,000만 원을 주고 변호사를 사서 집행유예로 풀려나는 걸 봤어요. 1심에서 무기형을 받고도 짱짱한 변호사를 써서 형기가 5~7년으로 줄어드는 것도 봤고요. 당시엔 약속한 만큼 형기를 줄여주면 돈을 더 받는 '조건부 변호사'가 있었어요. 주로 검사, 판사 그만두고 개업한 지 얼마 안 된 변호사들이었죠. 그런 걸 보고 울화가 치밀었어요. 지금 생각해보면 비겁한 변명이지만…. 구치소에 같이 있던 어떤 형이 돈 있고 빽 있는 자들에게 기우는 사회 풍조에 대해 열을 올리며 얘기하곤 했어요. 그러면서 '유전무죄 무전유죄다'라고 하는데, 바로 이거다 싶었어요. 저도 정말 ×같다며 불만이 많았는데, 간단하게 8글자로 압축해주니까 마음에 깊게 와 닿았어요.

인생의 시계를 돌릴 수 있다면 언제로 가고 싶나요?

학창 시절이 너무 힘들어서 다시 가기 싫은데…. 그때를 빼놓으면 교도소만 왔다 갔다 했네요. 초등학교 때로 다시 돌아가고 싶죠. 애들 때리고 놀러 다니는 거 말고, 공부 좀 해서 평범하게 사는 거…. 평범한 분들은 자기 생활이 힘들다고 해요. 결혼하셨어요? 아이 키우면서 직장

다니는 거 힘들죠? 근데 안에 있는 사람들은요. 그 평범한 삶, 짜증내고 싸우고 다시 웃고 하는 사람들을 가장 동경해요. 잘살아서 삐까번쩍 흥청망청하는 사람보다 훨씬 부러워요. 그게 가장 행복한 삶인 거 같아요.

죽음의 광시곡이 된 '홀리데이'

탈주범 지강헌이 인질극을 벌이며 마지막 순간 좋아하는 노래를 틀어달라며 요청한 곡으로 유명한 노래 '홀리데이'. 이 노래에 관해 오랫동안 많은 루머와 추측이 난무했다.

첫 번째 가설은 지강헌이 경찰에게 틀어달라고 하여 스피커를 통해 주민들과 함께 들었다는 것, 두 번째는 지강헌이 인질을 시켜 경찰에게 건네받아서 인질이 틀었다는 것, 그리고 세 번째는 지강헌이 인질에게 받아 직접 틀었다는 것이다.

또한 노래 자체에 관한 루머도 있었는데, 지강헌이 팝송 '홀리데이'를 달라고 요청하자 경찰이 비지스의 '홀리데이'와 스콜피온스의 '홀리데이' 등 동명의 음반 두 개를 가져와서는 스콜피온스의 '홀리데이'를 틀었다는 내용으로, 많은 사람들에게도 이렇게 알려졌다.

당시 방송사에서 촬영한 실제 지강헌의 인질극 영상을 꼼꼼히 살펴본 결과 루머와는 많이 달랐다. 영상을 살펴보면 지강헌이 경찰에게 '홀리데이'를 요청하자 스콜피온스와 비지스의 동명 테이프 두 개가 담장을 넘어 인질에게 전달됐고, 그것을 받은 지강헌이 집 안에서 비지스의 '홀리데이'를 틀었던 것이다. 이 같은 사실은 실제 자료에서 비지스의 '홀리데이' 음악이 작게 들리는 것으로 쉽게 확인할 수 있다.

영상을 자세히 보면 지강헌이 비지스의 '홀리데이'를 요구한 이후 나자레스의 'Please don't judas me'를 추가로 요구하는데, 공교롭게도 나자레스의 발표곡 중에도 '홀리데이'라는 동명의 노래가 있다.

그 당시 비지스보다는 스콜피온스의 인지도나 인기가 상대적으로 높은 편이어서 '지강헌은 비지스의 '홀리데이'를 원했지만, 경찰이 더 많이 알려진 스콜피온스의 '홀리데이'를 틀었다'고 잘못 알려진 듯하다.

비지스의 '홀리데이'는 한국 사람들에게는 지강헌 인질사건과 '유전무죄 무전유죄'와 동의어다. 유튜브에 영어로 업로드 된 비지스의 '홀리데이' 영상 댓글을 보면 영어 댓글 사이사이로 우리말로 지강헌 사건과 '유전무죄 유전무죄'에 대해 언급한 내용이 꽤 많다.

2016년 시민단체인 '법률소비자연맹'이 대학생·대학원생을 대상으로 실시한 법의식 설문조사 결과, '유전무죄 무전유죄'라는 말에 동의한다는 대답이 83.54%를 차지했다.

지강헌 인질사건이 일어난 지도 벌써 30년이 지났다. 그러나 '유전무죄 무전유죄'는 여전히 현재진행형이다.

'개구리 소년' 앨범 표지

개구리 소년 (대구 개구리 소년 실종)

하늘로 솟았느냐 땅으로 꺼졌느냐
개구리 잡겠다고 웃으면서 나가더니
흔적조차 없다더냐
와룡산 산마루에 하루해가 또 지는데
애들아 돌아오라 엄마 품에
돌아오라 엄마 품에
내 아들아 어디로 갔느냐

헤아려 며칠이냐 손꼽아 몇 달이냐
내 친구 개구리도 엄마 품에 고이 안겨
겨울잠을 잔다더라
옷이나 입고 있나 밥이라도 먹고 있나
애들아 돌아오라 엄마 품에
돌아오라 엄마 품에
내 아들아 어디에 있느냐

#26

누가 그 아이들을 죽였나

'대구 개구리 소년 실종'에 대한 노래는 2개가 있다. 첫 번째 노래는 1991년 11월 발표한 김정일 작곡에 박성미가 작사하고 부른 '개구리 소년'(일명 '돌아오라 엄마품에')이다. '개구리 소년' 덕분에 많은 인기를 누릴 수 있었던 가수 박성미는 노래를 부르는데 그치지 않고 실종 당시부터 수 년 동안 가족들과 함께 전국 곳곳의 역과 터미널 등을 돌며 아이들을 찾아다녔으며 자선공연에서 벌어들인 수익금으로 실종 어린이 찾기 성금을 내기도 했었다.

가수 박성미는 2002년 10월 와룡산 유해 발굴 현장을 직접 찾기도 했는데, 그녀는 이 자리에서 "살아서 돌아오기를 애타게 기다리는 마음으로 노래를 불렀었는데 이렇게 한 줌 흙으로 나타나 가슴이 미어진다"며 안타까워했다.

다음으로 '개구리 소년' 노래를 부른 가수는 MC스나이퍼다. MC 스나이퍼는 힙합계에서는 드물게 느린 템포의 래핑과 시적인 가사를 구현하면서 흥행을 누린 가수로 평가된다. 그는 자신이 작사·작곡하고 직접 부른 이 노래를 2003년 2집 앨범 '초행'에 수록했다. 다음은 MC스나이퍼의 '개구리 소년' 노래 가사의 일부다.

제3의 장소에서 옮겨졌을 거라는 추측과
발굴 하루 전 장소를 제보한 의혹의 정신이상자
군 생활 당시 사격장에서 비명소리와 함께
한 아이가 부상당하고 또 한 아이가 죽사했다는 신원불명의 제보자
저항이 없던 희생자 어린아이를 가슴에 묻은
부모의 마음은 분노한 바다

도롱뇽 알 주우러 나선 아이들, 어디로...

1991년 3월 26일. 이날은 5·16으로 중단된 지방자치제가 30년 만에 부활하여 전국에서 기초의회 의원을 뽑는 선거일로 임시공휴일이었다. 대구 달서구 성서초등학교 학생이던 우철원(당시 13세, 6학년), 조호연(당시 12세, 5학년), 김영규(당시 11세, 4학년), 박찬인(당시 10세, 3학년), 김종식(당시 9세, 3학년) 등 5명의 아이

들은 동네 근처 와룡산에 도롱뇽 알을 주우러 간다며 집을 나섰다.

아이들 중 누군가 우연히 논에서 잡았던 '도롱뇽'이 햇볕에 산소부족으로 죽는 것을 보고는 아이들에게 이야기했고, 도롱뇽 알을 주우러 나간 것이다. 그러나 사건 발생 초기에 개구리 잡으러 간 것으로 잘못 알려지면서 '개구리 소년'으로 불리게 된다. 점심때가 훨씬 지나도 아이들은 돌아오지 않았다. 이를 이상하게 여긴 부모들은 오후 6시쯤 와룡산 주변으로 아이들을 찾아 나섰다. 인근 마을에 사는 학교 친구와 마을 주민들에게 목격된 사실을 확인했다. 더 이상의 흔적을 찾지 못하자 속이 탄 부모들은 파출소로 달려갔다.

그러나 "경찰관들이 모두 투표 감독하러 나갔다"며 도움을 받지 못했다. 이번에는 와룡산 부근에 주둔하고 있던 50사단을 찾아가 "서치라이트 좀 쓸 수 있게 도와 달라"고 요청했지만 역시 도움을 받지 못했다. 할 수 없이 그 어두운 밤에 부모들이 직접 찾아 나설 수밖에 없었다. 사건 초기 경찰은 뚜렷한 근거도 없이 5명의 아이들이 단순 가출한 것으로 보고 소극적 수사로 일관했다. 그러나 수사가 장기화되고 노태우 대통령까지 나서 특별지시를 하자 경찰은 그때서야 발등에 불이 떨어졌다.

대구지방경찰청 차장을 본부장으로 수사본부를 구성했다. 정부는 경찰과 군을 대대적으로 투입해서 현장 주변을 샅샅이 뒤졌다. 전국 초등학생들이 '대구 개구리 소년 친구 찾기 운동'을 펼치는 등 전국가적인 사건이 됐다. 전국 새마을중앙회 등 각종 사회단체들이 2억여 장의 전단을 전국에 뿌렸고, 한국담배인삼공사와 기업체들도 담뱃갑과 상품에 실종 어린이들 사진을 인쇄하는 등 '개구리 소년' 수색에 동참했다. 또 사람들이 많이 구입하는 전화카드나 초코파이 등 과자 포장지에도 아이들의 얼굴이 들어가는 광고를 싣기도 했다.

'개구리 소년' 가족과 개구리소년찾기 후원회 회원들이 서울 동대문시장 입구에서 아이들의 얼굴사진이 들어있는 유인물을 나눠주고 있다

그러나 이런 노력들은 모두 허사였다. SBS '그것이 알고 싶다', KBS '사건 25시' 등 방송 프로그램에서도 다루면서 전국적인 관심을 불러 일으켰지만 사건 해결을 위한 실마리와 단서는 나오지 않았다.

심리 전문가
"종식이 아버지가 아이들 죽였다"

온 국민이 한 마음 한 뜻으로 찾아나서 이 잡듯이 뒤졌어도 성과가 없자 북한공작원 납치설, UFO 납치설, 생체실험 희생설 등 온갖 소문이 나돌기도 했다. 그런가하면 실종자 가족을 두 번 죽이는 일이 발생하기도 했다.

실종 5년째인 1996년 1월에는 한국 최초로 물리심리학 박사 학위를 받은 KAIST 교수 김가원이 "종식이 아버지가 아이들을 죽여 집에 묻었다"고 주장했다. 경찰은 김 교수의 말을 믿고 사람들이 지켜보는 가운데 굴착기와 곡괭이 등으로 집안 화장실과 부엌 바닥을 파는 소동을 벌였다. 그러나 아무런 흔적도 나오지 않자 주민들은 '정신병자', '사이비 박사'라며 욕설을 퍼부었다. 김가원은 이 사건으로 이듬해 피소되어 벌금형을 받은 뒤 학교에 사표를 제출했으며, 한국심리학회에서도 제명당했다. 그는 세월이 한참 흐른 2005년 '아이들은 산에 가지 않았다'는 실화소설을 펴내기도 했다.

대통령의 특별지시와 현상금 4,200만 원, 단일사건으로는 최대 규모인 연인원 35만 명의 수사 인력이 투입됐음에도 불구하고 아이들의 행적은 찾지 못했다. 수사본부는 1996년 5월 해체됐고 그 뒤에는 대구 달서경찰서 형사4반이 사건을 넘겨받아 제보에 의존하는 수사를 펼쳤다. 제보가 잇따라 1991년 325건, 1992년 97건, 1993년 131건 등이 접수됐지만 확인 결과 모두 허위였다.

실종된 아들을 찾지 못한 상황에서 범인으로 몰린 김종식의 아버지는 화병을 얻었다. 그리고 2001년 10월 경북대병원에서 49세의 젊은 나이에 간암으로 숨졌다. 개구리 소년 실종사건은 이렇게 비극이 반복되며 영원히 미궁에 빠지는 듯했다.

11년 6개월 만에 발견한 유골

실종 11년 6개월 만인 2002년 9월 26일, 4구의 유골과 신발 5켤레가 성산고교 신축공사장 뒤편 500m 떨어진 와룡산 중턱에서 발견되었다. 도토리를 줍기 위해 와룡산에 올라갔던

2002년 9월 27일 대구 와룡산 '개구리소
년' 유골 발견 현장에서 가족들이 경찰
과학수사대의 감식 모습을 지켜보고 있다

사람이 아이들의 유골을 발견하고 신고했다. 이후 경찰의 대응이 너무 미숙했다. 당시 현장에 달려갔던 나주봉 전국미아실종자가족찾기시민의모임 회장은 "신고를 받고 출동한 경찰이 곡괭이와 삽으로 현장을 파헤쳐 놓았다. 파다가 '아차 싶었던지' 그때서야 국과수를 불렀다. 그때 경찰이 현장 보존만 잘했으면 뭔가 단서가 나왔을 텐데, 정말 분통이 터질 일이었다"고 말했다.

이뿐만이 아니었다. 경찰은 유골 발견 이틀 만에 사인을 자연사로 추정했다. "아이들이 야간에 길을 잃고 헤매다 탈진해서 숨졌다"고 언론에 발표한 것이다. 발견 당시 유골이 뒤엉켜있었고, 옷을 얼굴에 덮어놓은 상태였다. 이를 두고 경찰은 아이들이 와룡산에서 길을 잃고 헤매다가 조난당해 추위를 피하기 위해 옷으로 온몸을 덮었을 것이라고 추측했다. 그리고 '저체온증 사망'으로 발표했다.

말도 안 되는 조사 결과였다. 피해자 부모들은 "와룡산은 마을에서 멀지 않은 야산이기 때문에 불빛이 다 보이므로 절대 조난당할 일이 없다"라고 항의했다.

실종 아이들의 유골을 감식했던 경북대 법의학팀의 판단은 완전 달랐다. 법의학팀은 면밀한 분석 끝에 명백한 타살로 결론 내렸다. 당시 법의학 팀에서는 "두개골에 나타난 손상 흔적을 분석한 결과 소년들은 ㄷ자 모양의 예리한 흉기로 타살된 것이 분명하다"고 검사 결과를 발표했다.

이후 수사는 진척이 없었고, 범인은 밝혀지지 않았다. 사건 초기 대구지방경찰청 차장을 수사본부장으로 70여 명이 가동됐으나, 공소시효 만료를 앞둔 2006년 3월에는 대구지방경찰청 광역수사대 1개 팀, 성서경찰서 강력팀 등 18명만이 사건을 맡았다.

한편 살인사건의 경우 공소시효가 15년으로 되어 있어서 개구리소년 실종 사건은 2006년 3월 25일 공소시효가 만료되었으며, 이후에 범인이 잡히더라도 처벌할 수 없게 되었다. 이에 개구리 소년 유족들은 2005년 말부터 기자회견 등을 통해 '공소시효 연장·폐지'를 촉구해 왔지만 공소시효 연장을 골자로 하는 형사소송법 개정안은 이 사건의 시효 만료 전에 통과되지 못했다. 살인죄에 대한 공소시효는 2015년 7월 31일 일명 '태완이법' 시행으로 폐지됐고, 2000년 8월 이후 사건에만 소급 적용됐다.

지금까지 이 사건은 화성 연쇄 살인사건(1986~1991년), 이형호 군 유괴 살인사건(1991년)과 함께 대한민국 3대 영구 미제사건으로 남아 있다.

'개구리 소년 실종 사건'은 전 국민의 관심을 끌면서 1992년 조금환 감독이 연출한 '돌아오라 개구리소년'이라는 제목의 영화가 제작됐으며, 2011년 2월에는 실화소설 '아이들은 산에 가지 않았다'를 원작으로 박용우, 류승룡, 성동일, 성지루, 김여진 등이 열연한 '아이들'이 개봉됐다.

'백학' 앨범의 표지

백학 (슬롯머신 사건)

Мне кажется порою что солдаты
나는 이따금씩 병사들을 생각하지

С кровавых не пришедшие полей
피로 물든 전쟁터에서 돌아오지 못한 병사들이

Не в землю нашу полегли когда-то
잠시 고향 땅에 누워보지도 못하고

А превратились в белых журавлей
아마도 백학이 된 듯하여

Они до сей поры с времён тех дальних
그들은 옛날부터 하늘을 날면서

Летят и подают нам голоса
우리를 부르는 듯하여

Не потому ль так часто и печально
그 때문에 우리가 자주 슬픔에 잠긴 채

Мы замолкаем, глядя в небеса
멍하니 하늘을 바라보는 것이 아닐지

Летит, летит по небу клин усталый
날아가네, 날아가네 저 하늘의 지친 학의 무리들

Летит в тумане на исходе дня
날아가네 저무는 하루의 안개 속을

И в том строю есть промежуток малый,
무리 지은 대오의 그 조그만 틈새

Быть может, это место для меня
그 자리가 혹 내 자리는 아닐지

27

모래시계에 갇힌 시간, 진실과 거짓

"나 떨고 있니?"

"아니…"

"그게 겁나. 내가 겁낼까봐"

"괜찮아"

드라마 '모래시계'의 마지막 장면이다. 눈이 퀭하게 들어간 사형수 박태수(최민수 분)는 친구이자 검사인 강우석(박상원 분)에게 자신이 어떻게 보이는지 물었다. 날고 기던 조직폭력배이자 살인범인 태수는 잔뜩 겁에 질려 있었다. 생사의 기로에서 그는 한 올 머리카락보다 쉽게 흔들렸다.

1995년 1월 9일부터 2월 16일까지 SBS 광복 50주년 특별기획으로 방영되었던 '모래시계'는 '여명의 눈동자'에서 이미 능력을 보여줬던 김종학 PD와 송지나 작가가 각각 연출과 각본을 맡았다. '여명의 눈동자'에서 주인공을 맡았던 최재성, 박상원이 모래시계에서도 함께 캐스팅되었으나 최재성이 모래시계의 '박태수'역과 여명의 눈동자의 '최대치'역이 이미지가 너무 겹친다는 이유로 출연을 고사해 결국 '태수'역은 최민수가 맡게 되었다.

드라마 '모래시계'는 방송 기간 내내 큰 화제를 불러 일으켰다. 당시 '모래시계'가 방영되는 시간이 되면 사람들이 이 드라마를 보기 위해 일찍 귀가해 거리가 한산할 정도여서 모래시계를 '귀가시계'라고 부르기도 했다. 시청률도 고공행진했다. 최종회 시청률은 64.5%를 기록했다. 순간 시청률은 75.4%에 달했다.

방송 이후 청소년 사이에서는 검도 붐이 불었고 연습용 죽도가 불티나게 팔렸다. 주인공들이 낀 놋쇠반지도 유행하고 모래시계도 선물용으로 인기를 끌었다. 서점가에서는 드라마에 나온 사건과 관련된 서적이 진열대 상단에 올랐다.

극 중 소나무가 서 있는 바닷가의 작은 역에서 윤혜린(고현정 분)이 체포되는 장면이 나오는데, 이 장면은 영동선 정동진역에서 촬영된 것이다. 드라마 종영 이후 정동진역은 모래시계의 촬영지로 알려지면서 관광객이 폭증하게 되었다. 당시 이용객이 없어 폐역이 고려되던 정동진역은 모든 열차가 정차하는 역으로 바뀌었다.

드라마가 공전의 히트를 기록하면서 방송에 삽입된 음악도 큰 인기를 끌었다. '모래시계'의 배경음악인 러시아 노래 '백학' 음반은 50만 장 이상 판매됐다. '백학'은 2차 세계대전 중 스탈린그라드 전투에서 나치 독일군에 스러져갔던 소련 병사들을 애도하는 노래다. 구소련의 민족시인 라술 감자토프 시(詩)에 우크라이나 작곡가 얀 프렌켈이 곡을 붙였다.

이 노래는 한때 체첸 공화국의 전사들을 추모하는 노래라고 알려지기도 했지만 사실이 아니다. 시를 쓴 감자토프가 태어난 다게스탄은 체첸의 옆에 있는 자치 공화국일 뿐이다. 작곡가와 작사가가 분명히 있는데도 러시아의 전래민요라고 잘못 소개한 자료도 많다.

'백학'은 우크라이나 출신 배우이자 가수인 마르크 베르네스가 처음 불렀다. 이후 러시아 출신의 세계적인 바리톤 드미트리 흐보로스톱스키, 여자가수인 엘레나 바엔가 등 여러 명이 불렀지만 이오시프 카브존이 부른 버전이 가장 유명하다. '백학'으로 인기를 끈 카브존은 이후 러시아의 하원의원이 되기도 한다.

육사에서 법대로 진로 바꾼
홍준표

'모래시계'는 홍준표 전 자유한국당 대표와는 떼려야 뗄 수 없는 드라마다. 홍준표에게는 늘 '모래시계 검사'란 말이 따라붙는다. 드라마 '모래시계'의 제목이 홍준표의 수식어가 된 건 주인공 강우석(박상원 분)이 홍준표를 모델로 각색된 인물이란 점 때문이다. 동아일보 1995년 1월 14일자 17면 '슬롯머신 검사 홍준표 씨, 우석 실제 모델설 화제' 제목의 기사를 보자.

"극 중에서 우석은 비료 도둑 누명을 쓰고 경찰에서 억울한 고초를 겪은 아버지로부터 '너는 나중에 검사가 돼라'는 말을 듣고 검사의 길을 걷게 되는데 홍 검사도 마찬가지 이유로 검사가 된 것이다. 홍 검사가 고3이던 1971년 12월 어느 날, 홍 검사의 아버지는 농협 창고에 보관 중이던 비료 3백 포대를 훔쳤다는 모함을 받고 파출소에 끌려갔다. 아버지는 이틀간 밤샘 조사를 받으며 온갖 시달림을 당한 끝에 간신히 누명을 벗고 풀려났다.
그러나 이때 감수성 예민한 홍 검사가 받은 충격은 적지 않았다. 그는 당시 이미 육군사관학교에 지원해 합격통지서를 받은 상태였으나 '법조인이 돼 정의를 바로 세우겠다'는 당찬 다짐을 하고 고려대 법대로 진로를 바꿨다."

이는 연출을 맡은 김종학 PD도 각종 인터뷰에서 인정한 내용이다. 특히 '모래시계'의 후반부 내용엔 슬롯머신 사건을 수사한 홍준표 당시 서울지검 강력부 검사의 경험이 많이 녹아들어 있다. 드라마에 등장하는 카지노-조직폭력배-정치인의 삼각구도는 홍준표가 강력부 검사로 겪은 조직폭력배에 대한 경험과 슬롯머신 사건 수사에서 나타난 도박업자-정치인의 연계를 하나로 엮어냈다.
극 중에서 안기부 실장으로 등장해 권력을 휘두르다 강우석 검사에 의해 법정에 서게 되는 강동환(김병기 분)은 실제 안기부장 특보를 지낸 이력이 있는 '6공의 황태자' 박철언 전 의원과 유사점이 많다.

극 중에선 수사를 방해하기 위해 부장검사가 수사 자료를 빼돌리기도 하는데, 실제 슬롯머신 사건에서는 이건개 당시 대전고검장이 슬롯머신 대부 정덕진·정덕일 형제에게 수사정보를 흘리며 도피를 권유한 것으로 드러났다. 홍준표 검사는 이건개 고검장도 구속했다.

'모래시계' 방영 전부터도 홍준표 검사는 '소신 검사'로 이름을 날리고 있었다. 1989년 서울지검 남부지청 특수부로 배치된 홍 검사는 전두환 전 대통령의 형인 전기환의 노량진 수산시장 운영권 강탈 혐의를 수사해 전기환 등 3명을 구속기소하고 청와대 민정수석을 지낸 이학봉 당시 민정당 의원을 구속하기도 했다.

이후 홍준표는 권력에 굴하지 않고 오직 정의만 추구하는 강직한 검사의 이미지를 적극 활용했다. 1995년 10월 검사직을 그만둔 홍준표는 1996년 15대 국회의원 총선거에 신한국당 후보로 서울 송파갑에 출마하면서 '모래시계 홍준표'라는 제목의 만화 선거공보를 배포하기도 했다.

하지만 홍준표는 1999년 3월 9일 공직선거법 위반 혐의로 벌금 500만 원을 확정받고 의원직을 잃었다. 그러다가 2001년 10월 서울 동대문을 국회의원 재선거에 한나라당 후보로 출마했고, DJ 정권의 권력형 비리 사건 '이용호 게이트'가 터진 상황에서 부패 척결에 앞장선 '모래시계 검사'의 이미지를 적극 활용해 당선됐다.

이후 4선 의원까지 지내는 동안 홍준표는 여당인 한나라당 대표로 선출되기도 했고, 대표직에서 밀려난 뒤에는 경남도지사로 당선됐다. 그 기간 동안 '모래시계 검사'라는 말은 언제나 홍준표의 이름 앞에 있었다.

2017년 3월 25일 드라마 '모래시계'의 촬영지인 정동진을 찾은 홍준표 자유한국당 대선후보

칼의 비밀,
모래시계에 갇힌 시간

홍준표의 승승장구에 브레이크가 걸렸다. 한나라당 전당대회를 앞두고 1억 원을 전달했다는 성완종 경남기업 회장의 자살 직전 쪽지와 인터뷰로 인해 검찰의 수사 대상이 됐고, 소환 조사를 받는 등 고초를 겪게 된다. 오랜 재판 끝에 결국 대법원에서 무죄로 결론 났지만 정치적 타격은 컸다.

'화불단행'(禍不單行)'이라고 했던가. 홍준표에게 악재는 계속된다. 드라마 '모래시계'에서 이종도(정성모 분)의 실제 모델로 알려진 여운환이 2017년 12월 재심을 청구한 것이다. 여운환은 홍준표에 의해 기소되어 징역 4년 3개월을 선고받고 1996년 초까지 복역한 바 있다.

재심 청구로 불거진 여운환과 홍준표의 악연은 오래전으로 거슬러 올라간다. 광주에서 근무지를 옮긴 홍준표 검사가 일하던 서울지검은 당시 슬롯머신 대부로 불렸던 정덕진의 정·관계 배후를 밝혀내는 전방위 수사를 진행하고 있었다. 하지만 검찰은 수사 과정에서 암초를 만난다. 전·현직 검찰 간부 등 유력인사들이 정덕진의 슬롯머신 지분을 넘겨받아 '검은 돈'을 몰래 챙겨왔다는 사실이 드러난 것이다.

스스로 제 살을 도려내야 하는 한계 상황에 처한 검찰은 뜻밖의 사건에 직면한다. 지분 소유 검찰 간부로 의심 받던 광주지검 최인주 사건과장이 1993년 5월 16일 새벽 싸늘한 주검으로 발견된 것이다.

수사망이 좁혀오자 압박감에 시달린 최 과장은 인근 산속에서 소주 2~3병을 혼자 마신 뒤 전남 승주군의 곡천교에서 수심 10m의 주암호에 몸을 던져 생을 마감했다. 촉망받던 한 검찰 간부의 예상치 못한 자살 사건 여파는 예상보다 컸다. 최 씨는 투신 직전 다리 위에 벗어놓은 양복 상의에 마지막 '고해성사'를 담은 유서를 남겼다.

"1989년 전남 목포 백제호텔 운영자 여운환의 권유로 1억 1,500만 원을 투자해 호텔 슬롯머신 지분 5%를 넘겨받았다. 1994년 계약을 해지할 때까지 5년여간 매달 340여만 원을 수익금으로 배당받았다. 공직자로서 품위를 유지하지 못한 점을 죽음으로 용서받고자 한다"

술기운 탓인지 16절지 7장에 낙서처럼 휘갈겨 쓴 그의 유서에는 슬롯머신 지분을 넘겨받은 구체적 경위와 '생활비 걱정을 덜고 공직 생활에 충실할 수 있다'는 달콤한 꾀임에 빠져 검찰 간부로서 본분을 지키지 못했다는 뒤늦은 후회가 배어 있었다. 최 과장은 이 유서에서 당시 서울지검 검사로 슬롯머신 사건을 맡고 있던 홍준표에게 모든 것을 잘 정리해줄 것을 당부했다.

문제는 자살한 최 과장이 유서에서 '조직폭력배인 줄 미처 몰랐다'고 언급한 여운환을 검사 시절의 홍준표가 광주지검에 근무하면서 '조직폭력배와의 전쟁' 차원에서 구속했다는 점이다. 홍 검사는 1992년 1월 여운환을 호남지역 최대 폭력조직 '국제PJ파' 두목으로 지목하고 구속기소해 언론의 많은 스포트라이트를 받았다.

하지만 '무죄'라는 소신을 고수해온 여운환은 출소 이후 기회가 주어질 때마다 당시 자신을 구속한 수사 검사인 홍준표가 지능적 '언론 플레이'을 펼쳤다는 입장을 굽히지 않았다.

"개당 10만 원 안팎의 독일제 명품 주방용 칼 세트를 가까운 친구가 운영하는 수입품 가게에서 100여 개 샀다. 그 물건들을 추석 선물용으로 지인들에게 돌렸다. 이 과정에서 홍 대표와 같은 아파트에 살면서 이름까지 비슷한 본인의 주치의 '홍O표'에게 가야할 식칼이 아파트 경비원의 단순한 착오로 홍 대표에게 잘못 배달됐다. 뚜렷한 '수사 성과'에 목 말라하던 당시 홍 검사는 이를 직속상관인 검사장도 거치지 않고 검찰총장에게 직접 보고해 나를 잡아넣었다. '조직폭력배 두목이 검사 집에 칼을 보내 협박했다'는 식이다. 건실한 사업가로 열심히 살아왔는데 홍 검사의 출세욕에 많은 것을 잃었다"

여운환은 이 같은 요지의 항변을 자주 쏟아냈고 2014년 4월 16일에는 홍준표와 얽힌 사연을 담은 '모래시계에 갇힌 시간'이라는 책까지 냈다. 더 나아가 당시 경남지사이던 홍준표에게 진실을 가려보자며 공개토론을 제안하기도 했다.

뒤집힌 모래시계,
역사는 반복된다

홍준표는 자유한국당 후보로 출마한 2017년 대선 과정 등에서 자신을 대통령감으로 포장하는 데 '모래시계 검사'라는 사실을 수시로 활용했다. 그러나 대선 과정과 이후 자유한국당 대표를 지내면서 '막말'이 트레이드마크가 되다시피 하면서 이미지가 손상됐다.

홍준표의 막말이 보수 지지층의 이반을 초래해 자유한국당이 2018년 실시된 6·13 지방선거에서 참패했다는 주장도 많다. 홍준표는 "같은 말도 좌파가 하면 촌철살인이고 우파가 하면 막말이냐"며 억울해 하지만 그의 막말이 보수의 품격을 떨어뜨린 사실을 부인할 수만은 없다.

심지어는 '모래시계 검사' 진실 논란까지 벌어졌다. '모래시계' 작가였던 송지나는 2017년 대선 직전 "요즘 '모래시계의 모델이 되었던 검사'라고 주장하는 분이 계신데 사실관계를 바로 잡고자 한다. 그 분은 제가 모래시계를 집필할 때 취재차 만났던 여러 검사들 중에 한 분일 뿐이다"며 '홍준표 단독 모델설'을 부인한다.

이에 대해 '모래시계'에 조연출로 참여했던 박창식이 "드라마 제작 때 김종학 PD와 함께 홍준표 검사를 만나 미팅을 여러 번 했고 많은 이야기를 나눴다. 홍 검사의 이야기를 토대로 촬영 현장에서 연출 준비를 했다"고 말하면서 공방이 벌어지기도 했다.

한때 '한국판 피에트로 검사'로 칭송받던 홍준표가 이제 '막말 정치인'으로 불리게 되고, 조폭 두목으로 찍혀 교도소에 갔던 여운환이 "조작과 날조로 모래시계 검사가 됐다"며 홍준표를 공격하는 현실. 역시 역사는 돌고 돈다.

1995년 '귀가시계'로 불리며 엄청난 인기를 모은
SBS 24부작 드라마 '모래시계'의 한 장면

'천개의 바람이 되어' 앨범 표지

천 개의 바람이 되어 (세월호 침몰)

나의 사진 앞에서 울지 마요 나는 그곳에 없어요
나는 잠들어 있지 않아요 제발 날 위해 울지 말아요
나는 천 개의 바람 천 개의 바람이 되었죠
저 넓은 하늘 위를 자유롭게 날고 있죠

가을엔 곡식들을 비추는 따사로운 빛이 될게요
겨울엔 다이아몬드처럼 반짝이는 눈이 될게요
아침엔 종달새 되어 잠든 당신을 깨워줄게요
밤에는 어둠 속에 별 되어 당신을 지켜 줄게요

나의 사진 앞에 서 있는 그대 제발 눈물을 멈춰요
나는 그 곳에 있지 않아요 죽었다고 생각 말아요
나는 천 개의 바람 천 개의 바람이 되었죠
저 넓은 하늘 위를 자유롭게 날고 있죠

28

진실은
침몰하지 않는다

세월호 참사 추모곡 '천 개의 바람이 되어'는 1932년 미국 볼티모
어의 주부 메리 프라이가 지은 시 '내 무덤에 서서 울지 마오(Do not
stand at my grave and weep)'에서 유래됐다. 프라이는 어머니를 잃
고 상심해 있던 이웃을 위로해 주기 위해 죽은 사람이 오히려 산 사
람을 위로하는 내용의 이 시를 썼다. 원전(原典)은 아메리카 원주민
사이에서 전승되던 작자 미상의 시를 기원으로 본다.

이 시가 유명해지게 된 계기는 1989년 IRA(아일랜드공화국군) 테
러로 목숨을 잃은 24살의 영국군 병사 스테판 커밍스의 일화 때문
이다. '스테판은 생전 무슨 일이 생기면 열어보라며 부모에게 편지 한
통을 남겨 두었고 그의 사후 개봉된 편지에 이 시가 적혀 있었다고

한다'는 내용이다. 또한 스테판의 아버지가 스테판의 장례식 날, 아들이 남긴 편지와 함께 이 시를 낭독했고, 그 장면을 영국 BBC가 방송하여 전 세계적으로 알려지게 됐다.

그 외에도 영화감독 하워드 혹스의 장례식에서 존 웨인이 이 시를 낭독했고, 여배우 마릴린 먼로의 25주기, 미국 9·11테러 1주기에 낭독되면서 더욱 더 유명해졌다.

이 시가 노래로 맨 먼저 만들어진 곳은 일본이다. 2003년 11월 일본의 소설가이자 가수 겸 유명 작곡가인 아라이 만이 영시를 번안하여 멜로디를 붙인 후 '천의 바람이 되어(千の風になって)'라는 이름의 싱글 앨범으로 발표했다.

'천의 바람이 되어'는 아라이 만 이후 많은 가수들이 불러 인기를 끌었고, 2007년 테너 아키가와 마사후비가 불러 오리콘 싱글 차트 1위에 오른 곡이기도 하다. 아키가와 마사후비는 이 곡으로 클래식 음악 아티스트로는 처음으로 100만 장 이상이 팔린 밀리언셀러를 기록하기도 했다.

이후 2009년 2월 팝페라테너 임형주가 한국어로 번안 및 개사하여 자신의 미니앨범 'My Hero'의 마지막 7번 트랙으로 수록하여 한국에 처음으로 발표하였다. 이어서 세월호 침몰 사고 후인 2014년 4월 25일 세월호 참사 공식 추모곡으로 헌정하였으며 음원 수익금 전액은 기부하기로 하였다. 임형주는 이 곡을 세월호 참사 추모곡으로 헌정한 직후 7개 음원사이트에서 1위를 차지했다.

세상에서 가장 슬픈 항구가 된
'팽목항'

2014년 4월 16일. 안산 단원고 2학년 학생 325명을 포함한 승객 476명을 태운 청해진해운 소속 세월호가 인천을 출발해 제주도로 향하다 진도군 병풍도 앞바다에서 침몰했다. 단원고 학생들은 들뜬 마음으로 제주도 수학여행을 가던 중이었다.

그로부터 4년이 더 지나간 지금, 진도의 조그만 어항이었던 팽목항은 대한민국에서 가장 슬프고 비통한 항구가 되어 버렸다. 이 사고로 시신 미수습자 5명을 포함한 304명이 사망했으며, 생존자는 172명이다. 그토록 유족들의 애를 태운 채 차가운 바다 속에 묻혀있던 세월호가 3년 동안 인양을 미뤄오다 참사 1089일 만에 완전히 부두 위로 올라왔다.

수면 위로 모습을 드러낸 세월호는 선체 곳곳에 뚫린 구멍과 오랫동안 쌓인 개흙으로 만신창이가 돼 있었다. 세월호는 반잠수식 선박에 실려 동거차도 인근 해역을 출발해 2017년 4월 9일 밤 목포신항 부두에 완전히 거치됐다.

그 사이 많은 일들이 있었다. '4·16 세월호 참사 진상규명 특별법'이 제정돼 '세월호 특별조사위원회'가 활동했고, 최순실의 국정농단으로 인한 촛불집회로 2017년 3월 10일 박근혜 대통령이 헌법재판소에 의해 파면을 당했다. 그리고 5월 10일 제 19대 문재인 대통령이 탄생했다.

세월이 많이 흘렀지만 진도 팽목항은 여전히 그때의 아픔을 간직하고 있다. 그러나 세월호를 잊지 않기 위한 노력도 계속되고 있다. 참사를 함께 슬퍼하며 팽목항을 수놓았던 작가들은 주민들과 함께 도보길을 조성했고, 지역 주민들도 참사를 잊어선 안 된다며 선체 존치와 함께 기념물 건립을 논의 중이다.

팽목항 방파제를 따라 걸으면 가장 먼저 '세월호 기억의 벽'이 보인다. 손바닥 정도 크기의 타일 4,000여 장에 희생자들을 위한 추모의 메시지를 빼곡히 담아 방파제 길을 수놓은 작품이다. 기억의 벽을 만든 동화 작가들이 이번에 잊혀져가는 팽목항을 다시 기억하기 위해 주민들과 함께 도보길을 만들었다.

세월호를 잊지 않기 위한 주민들의 움직임도 계속되고 있다. 세월호 선체 존치를 위한 주민 공청회가 이어졌다. 선체 존치 후보지는 전국적으로 5곳인데, 후보 중에는 사고 해역에서 가까운 팽목항 매립지와 서거차도가 포함돼 있다. 주민들 사이에서 선체 존치에 대해서는 의견이 갈렸지만, 세월호 참사가 그대로 잊혀서는 안된다는 데에는 모두가 의견을 함께했다.

참사 당시 생존자들을 직접 구조하고 돌봤던 서거차도 주민들도 세월호 참사를 잊어서는 안 된다며 선체 존치에 긍정적인 반응을 보였다. 박권삼 서거차도 이장은 "당시 참사로 피해를 겪는 주민들이 있지만, 안타까웠던 장면들을 떠올리며 선체 존치에 찬성한다는 주민들의 입장을 공청회에 전달했다"며 "당시의 슬픔이 사람들에게서 점차 멀어지는 것 같아 안타깝기만 하다"고 말했다.

도피 끝 시신으로 발견된
유병언

검경합동수사본부는 2014년 10월 세월호의 침몰 원인에 대해 '화물 과적, 고박 불량', '무리한 선체 증축', '조타수의 운전 미숙' 등이라고 발표했다. 그러나 대법원은 2015년 11월 세월호 조타수의 상고심에서 "조타기의 결함 가능성을 배제할 수 없다"며 무죄를 선고하며 이 결론을 확실히 인정하지 않았다. 이후 세월호 사고의 원인을 둘러싸고 잠수함 충돌설, 암초 충돌설, 내부 폭발설, 고의 침몰설 등 여러 가지 가설들이 지속적으로 제기돼 왔다.

세월호의 실질적 소유주인 유병언 세모그룹 회장 등에 대한 수사는 유병언의 도피로 난항을 거듭했고, 결국 7월 말 유병언으로 추정되는 시신이 발견되면서 수사는 '공소권 없음'으로 종결됐다.

이 밖에 김한식 청해진해운 대표는 업무상 과실치사 혐의가 인정돼 징역 7년을 선고받았고, 유병언의 장남 유대균은 세월호와 별도의 혐의(횡령)로 징역 2년을 선고받았다.

또 세월호 참사 당시 승객 300여 명을 내버려 두고 배에서 탈출해 살인 등의 혐의로 기소된 이준석 선장 등 선원 15명은 2014년 5월 재판에 넘겨졌으며 2015년 11월 대법원은 이 선장에게 무기징역, 나머지 선원 14명에게는 징역 1년 6개월~12년을 선고했다.

세월호에 대한 수색 작업은 2014년 11월 11일 종료됐다. 유족들은 수색 중단 직후부터 세월호의 조속한 인양을 요구했으나 공식 인양 결정은 세월호 침몰 1년 만에야 확정됐다. 해양수산부는 2015년 4월

22일 '세월호 선체 인양'을 공식 발표하고, 같은 해 7월 인양업체로 중국의 상하이샐비지 컨소시엄을 선정했다. 당초 정부는 2016년 7월까지 인양을 완료하겠다는 입장을 밝혔으나 인양 작업은 기술, 비용 문제 등으로 계속 지연됐다.

2017년 3월 국회에서 여야가 '세월호 선체조사위원회 특별법'에 합의하면서 세월호 선체조사위원회가 출범했다. 그리고 그해 3월 세월호 인양이 시작됐으며, 선조위는 세월호 인양을 감독하는 것으로 첫 임무를 시작했다. 4월 11일 세월호 육상 거치 작업이 완료되면서 미수습자 9명을 찾기 위한 수습·수색 체제로 전환됐으며, 그 결과 4명의 유해가 추가로 수습됐다. 그리고 선조위의 세월호 사고 진상 규명은 조직 정비 등을 마친 2017년 7월부터 진행됐다.

이후 선조위는 2018년 8월 6일 1년 4개월간의 활동을 마무리하고, 세월호 참사의 원인을 분석한 종합보고서를 공개했다. 보고서에 따르면 김창준 위원장, 김영모 부위원장, 김철승 위원 등 3명은 내인설(內因說)을 주장했다. 내인설은 선체의 무리한 증개축, 복원성 훼손, 화물 과적, 급격한 우회전 등이 복합적으로 작용해 침몰했다는 주장이다.

반면 권영빈 제1소위원장, 이동권 위원, 장범선 위원 등 3명은 외력설(外力說) 가능성을 배제하지 않은 '열린 안' 의견을 냈다. 외력설은 잠수함 등 외부 충격의 영향으로 세월호가 침몰했다는 주장으로, 열린 안을 제시한 위원들은 내인설만으로는 설명되지 않은 부분들에 대해 추가 검증이 필요하다고 지적했다.

초동 대처,
조금만 더 빨랐더라면…

　　　　　　　　　세월호 침몰 초기 대응은 아무리 이해하려해도 이해가 되지 않는 부분이 너무 많다. 세월호는 급선회로 배에 이상이 생긴 이후, 사고 수역 관할인 진도 해상교통관제센터(VTS)가 아닌 제주 VTS에 최초 신고를 해 초기 대응시간(골든타임)을 허비했다. 더욱이 세월호가 진도 VTS 관할 수역에 4월 16일 오전 7시 7분에 이미 진입해 있었음에도 진도 VTS는 세월호의 관할 해역 진입 사실조차 파악하지 못하고 있었다.

　여기에 신고를 받고 사고 해역으로 출동한 해경은 여객선 안에 300명 이상의 승객이 남아있음에도 배 밖으로 탈출했거나 눈에 보이는 선체에 있는 승객들만 구조했을 뿐 세월호 내부로는 진입하지 않는 소극적 구조로 일관했다.

　선장은 인명구조 등 비상상황 발생 시 선내에서 총지휘를 맡아야 하고, 승무원은 각자 역할을 맡아 탑승객 구조를 도와야 한다. 하지만 선장을 비롯한 선원 대부분은 침몰 직전까지 탑승객에게 객실에 그대로 있으

2014년 4월 16일 세월호 침몰 사고 당시 배에 남아있는 승객들을 뒤로하고 구조선에 가장 먼저 몸을 싣는 이준석 선장

라는 안내방송을 하고, 자신들은 배 밖으로 나와 해경 경비정에 의해 제일 먼저 구조됐다.

특히 세월호가 침몰한 곳은 우리나라에서 두 번째로 조류가 빠르다는 위험천만한 맹골수도였지만, 이 지역의 운항을 지휘한 사람은 입사 4개월째인 3등 항해사로 드러났으며, 더욱이 이곳을 통과할 때 선장은 조타실을 비운 것으로 드러났다.

해양수산부는 사고 발생 후 즉시 중앙사고수습본부를 세우고 범부처 총괄업무를 시작했으나, 곧 관련 업무를 안전행정부의 중앙재난대책본부(중대본)에 넘겼다. 하지만 중대본은 사고 현장 정보를 제대로 파악하지 못하고 수차례에 걸쳐 잘못된 정보를 발표하는 실수를 저질렀다. 여기에 경기도교육청도 세월호 침몰사고 직후 학생들이 전원 구조됐다는 잘못된 공지로 공분을 일으켰다.

여기에 해수부·교육부·해양경찰청 등이 별도의 사고대책본부를 꾸리면서 사고 관련 대책본부만 10여 개에 달했다. 총리실은 중구난방이 된 대책본부를 통합해 정홍원 총리를 본부장으로 하는 범정부 사고대책본부를 수립해 관련 업무를 총괄하겠다고 발표했다가 하루 만에 철회했다. 결국 해수부장관이 다시 범부처 사고대책본부의 장을 맡게 되는 등 혼란이 극에 달하면서 구조 작업은 더뎌졌다.

이처럼 세월호 침몰사고 직후 초동 대처부터 허둥댔던 정부의 허술한 재난대응 시스템이 여실히 노출되면서 정부 책임론에 대한 비난과 질타가 쏟아졌다.

세월호가 선수를 제외하고 사실상 완전히 침몰된 시간은 오전 11시 20분 정도였는데, 세월호 실종자 수색을 위해 잠수요원이 본격적으로 투입된 것은 사고가 난 지 8시간이 지난 4월 16일 오후 5시였다. 특히 사고 발생 첫날인 4월 16일은 선체가 왼쪽으로 기울어졌지만 3분의 2 이상이 해상에 떠있는 상태여서 상당수 실종자들의 생존 가능성이 높았다.

그러나 처음 수백 명의 구조요원이 투입되었다고 알려진 바와 달리 수중수색은 3차에 걸쳐 16명이 투입되는 데 그쳤다. 선체 부양을 위한 리프트백과 잠수부들의 이동을 돕는 대형바지선도 너무나 늦게 투입됐다. 가슴 아픈 대목이다.

시신으로도 돌아오지 못한
5명

세월호 희생자 304명 중 미수습 실종자는 5명이다. 미수습 희생자인 단원고 양승진 교사의 부인 유백형 씨는 "시신 없이 빈 관으로 장례를 치러 가슴이 저리다. 뼈 한 조각이라도 찾았으면 좋겠다"며 "세월이 흘렀지만 우리는 2014년 4월 16일 그날 그대로다. 항상 현재 진행형이다"고 말한다.

또 다른 미수습자 권재근 씨의 형 권오복 씨도 "동생 가족이 수습되기를 기다리며 3년 7개월 동안을 세월호 현장에 있었다. 세월호 선체 수색이 재개되면, 다시 현지에 갈 생각인데 그때 정부가 머물 거처를 마련해줬으면 좋겠다"고 바람을 말했다.

부부나 직계 가족이 아닌 경우, 세월호 보상금을 받지 못하기 때문에 3년 넘게 생업을 접는 동안 그는 집을 팔아야 했다. 권재근 씨

가족은 제주도로 이사를 하던 중 참사를 당해, 딸(지현)만 구조됐다. 부인만 시신으로 돌아왔을 뿐, 권재근 씨와 조카 권혁규는 아직 찾지 못했다.

미수습자 명단에는 단원고 남현철, 박영인 군도 남아있다. 시신을 찾은 희생자 가족도 미수습자들이 돌아오길 바라는 마음은 한결같다. 국민들의 마음도 마찬가지다.

> 어둠은 빛을 이길 수 없다
> 거짓은 참을 이길 수 없다
> 진실은 침몰하지 않는다
> 우리는 포기하지 않는다
> (세월호 추모곡 '진실은 침몰하지 않는다')

세월은 모든 것을 잊게 한다. 잊히는 것이 안타깝지만 세월호도 다르지 않을 것이다. 국민들의 눈물이 서서히 마를 때 쯤, 더 이상 봄꽃 아래 세월호를 떠올리지 않을 것 같다고도 한다.

그러나 부모는 다르다. 생때같은 자식을 잃은 부모들의 마음은 여전히 그 날, 그 바다에 있을 것이다.

2014년 5월 3일 서울 청계광장에서 열린 세월호 추모집회. 한 집회 참석자
가 '아이들을 살려내라'는 팻말을 들고 있다

참고문헌

단행본

강헌, 〈전복과 반전의 순간1—강헌이 주목한 음악사의 역사적 장면들〉, 돌베개, 2015.

김광해, 〈일제강점기 대중가요 연구〉, 박이정, 1999.

김동률, 〈인생, 한 곡〉, 김동률, 알에이치코리아, 2015.

김창남, 〈김민기〉, 한울, 2004.

김충식, 〈남산의 부장들2〉, 폴리티쿠스, 2012.

마산창원지역 역사연구회, 〈마산창원 역사 읽기〉, 불휘, 2003.

민주사회를 위한 변호사 모임, 〈416 세월호 민변의 기록〉, 생각의길, 2014.

반야월, 〈나의 삶, 나의 노래〉, 선, 2001.

박선민, 〈대중가요 리메이크와 복고〉, 커뮤니케이션북스, 2015.

박성서, 〈한국전쟁과 대중가요, 기록과 증언〉, 책이있는풍경, 2010.

박찬호, 〈한국 가요사 1, 2〉, 미지북스, 2009.

선성원, 〈우리가 정말 알아야 할 우리 대중가요〉, 현암사, 2008.

세월호 기록팀, 〈세월호, 그날의 기록〉, 진실의 힘, 2016.

유차영, 〈한국 대중가요 100년사〉, 대자, 2014.

윤석산, 〈박인환 평전—지금 그 사람 이름은 잊었지만〉, 모시는사람들, 2003.

임락경, 〈촌놈 임락경의 그 시절 그 노래 그 사연〉, 삼인, 2005.

임채영, 〈조선의 운명을 바꾼 15인〉, 케이디북스, 2011.

이동순, 〈번지없는 주막—한국가요사의 잃어버린 번지를 찾아서〉, 선, 2007.

이부영, 〈다시 서는 저 들판에서〉, 다섯수레, 2012.

이영미, 〈한국 대중가요 속의 여성〉, 대한민국역사박물관, 2014.

〈흥남부두 금순이는 어디로 갔을까〉, 황금가지, 2002.

이영훈, 〈한국정치, 바람만이 아는 대답〉, 나남, 2009.

이준희, 〈노래로 듣는 영화, 영화로 보는 노래〉, 한국영상자료원, 2012.

전국역사교사모임, 〈살아있는 한국사 교과서〉, 휴머니스트, 2012.

정경은, 〈한국 현대 민중가요사〉, 서정시학, 2008.

정두수, 〈노래따라 삼천리〉, 미래를 소유한 사람들, 2013.

최석태, 〈이중섭 평전〉, 돌베개, 2000.

최재학, 〈그 노래 그 사연〉, 오늘의문학사, 2014.

최창봉·강현두, 〈우리방송 100년〉, 현암사, 2000.

최창호, 〈민족수난기의 대중가요사〉, 일월서각, 2000.

파냐 이사악꼬브나, 〈1945년 남한에서〉, 한울, 1996.

표용수, 〈부산 역사의 현장을 찾아서〉, 선인, 2010.

한국방송공사, 〈KBS 텔레비전 방송 50년-1961~2011〉, KBS, 2012.

한국방송70년사 편찬위원회, 〈한국방송70년사〉, 한국방송협회, 1997.

한홍구, 〈지금 이 순간의 역사〉, 한겨레출판, 2010.

황석영, 〈죽음을 넘어 시대의 어둠을 넘어〉, 풀빛, 1985.

황호택, 〈박종철 탐사보도와 6월 항쟁〉, 블루엘리펀트, 2017.

정기간행물

강지남, '지강헌 인질사건 생존자 강영일 인터뷰', 신동아, 2013년 3월호.

국소남, '조용필-김민기, 세기의 만남', 전남일보, 2017년 11월 22일자.

김은중, '사부곡 어느덧 50년…', 조선일보, 2018년 6월 9일자.

김종호, '오후여담-문주란 데뷔 45주년', 문화일보, 2013년 6월 12일자.

박종성, '화제 뿌린 모래시계, 기억 속으로', 경향신문, 2015년 5월 15일자.

박태훈, '이번 주 역사 속 스포츠-김득구의 불꽃같은 삶', 세계일보, 2017년 11월 12일자.

유오성, '세월호 4주기-팽목항을 지키는 사람들', 헤럴드경제, 2018년 4월 13일자.

원용석, '비운의 복서 김득구 아들, 맨시니 만나…', 중앙일보, 2012년 9월 24일자.

이동순, '그 시절 그 노래-박재홍의 유정천리', 농민신문, 2016년 9월 9일자.

이상국, '아버지 없는 나라, 영화 국제시장', 아시아경제, 2015년 1월 18일자.

이영미, '이영미의 여성in가요-대중가요사로 본 여성⑤', 여성신문, 2014년 8월 7일자.

장선욱, '모래시계 홍준표 검사는 조작된 허상', 국민일보, 2017년 12월 7일자.

전태흥, '김민기 작사—작곡 노래 친구', 영남일보, 2016년 7월 1일자.

정윤수, '명동성당에서 다함께 부른 아침이슬', 주간경향, 2017년 6월 12일자.

정준호, '세월호 아이들, 추억 깃든 곳서 잠들게 해주세요', 한국일보, 2018년 4월 14일자.

조종엽, '유정천리 개사곡, 혁명 불씨 지폈다', 동아일보, 2016년 4월 19일자.

최미랑, '박종철 열사 아버지 박정기 씨의 삶', 경향신문, 2018년 7월 29일자.

최성철, '가왕의 반세기는 이보다 더 붉어라', 문화일보, 2018년 4월 20일자.

표창원, '유전무죄 무전유죄, 탈주범의 절규', 시사저널, 2012년 11월 27일자.

인터넷 자료

강헌, '김민기와 조용필의 만남', 딴지라디오, 2015년.

고창일, '정수라—정태춘의 아, 대한민국', 이슈제주, 2015년.

꿈의 삶, '30년 전 총성을 울린 그때 그곳들 지금은?', 블로그, 2009년.

문갑식, '기인이사(奇人異士)11—박인환과 사라진 명동의 낭만(하)', 블로그, 2017년.

빈섬(이상국), '흥남부두와 금순이, 그리고 성탄절의 비밀', 블로그, 2009년.

싱싱국악배달부, '한국의 마리아 칼라스, 황금심의 위대한 이야기', 네이버 포스트, 2017년.

안홍기, '모래시계 뒤집혔나, 돈 전달자에 정치생명 걸렸다', 오마이뉴스, 2015년.

유진, '北의 대남공작 70년사—공작원 침투 경로', The자유일보, 2018년.

이준희, '전후 명동 전설, 세월이 가면 최초 음반 발견', 오마이뉴스, 2015년.

정락인, '사건추적: 와룡산에 울려 퍼지는 아이들의 비명소리', 내외뉴스통신, 2017년.

조한성, '이승만 독재의 서막—부산 정치파동', 민족문제연구소, 2017년.

최규성, '우리시대 명곡 명반—박재홍의 유정천리', 블로그, 2011년.

하늘나라, '한국문단 비사 18—박인환과 그의 시, 세월이 가면', 네이버카페, 2007년.

허정도, '나도향 김지하 그리고 산장의 여인', 블로그, 2010년.

홍성식, '전대협 이후 30년, 이지상 12년 만에 콘서트', 오마이뉴스, 2016년.

기타자료

대한민국 정부 기록사진집 제1권(1948-1953), 국정홍보처, 1999년.

대한민국 정부 기록사진집 제7권(1967-1968), 국정홍보처, 2003년.

대한민국 정부 기록사진집 제11권(1978-1982), 문화체육관광부, 2010년.

부산시사 1, 부산직할시사편찬위원회, 1989년.

임시수도기념관 개관 도록, 임시수도기념관, 2012년.

6·25전쟁 납북인사 가족협의회 홈페이지

국립마산병원 홈페이지

MBC 이제는 말할 수 있다-'허문도와 국풍81'(2005년 4월 10일 방송)

MBC 이제는 말할 수 있다-'5공 3S정책' (2005년 5월 22일 방송)

'남상학의 시솔길' 홈페이지

네이버 지식백과 '가요앨범 리뷰'

네이버 사전

두산백과

노래로 읽는 한국현대사

유행가는 역사다

초판 1쇄 인쇄 2018년 11월 16일
초판 2쇄 발행 2018년 12월 17일

지은이 이영훈
펴낸이 김양수
표지 본문 디자인 곽세진   **교정교열** 박순옥

펴낸곳 휴앤스토리   **출판등록** 제2016-000014
주소 (우 10387) 경기도 고양시 일산서구 중앙로 1456(주엽동) 서현프라자 604호
대표전화 031.906.5006 **팩스** 031.906.5079
이메일 okbook1234@naver.com **홈페이지** www.booksam.kr

ISBN 979-11-89254-10-0 (03910)

*이 책의 국립중앙도서관 출판시도서목록은 서지정보유통지원시스템 홈페이지(http://seoji.
nl.go.kr)와 국가자료공동목록시스템(http://www.nl.go.kr/kolisnet)에서 이용하실 수 있습니다.
(CIP제어번호 : CIP2018037395)
*이 책은 저작권법에 의해 보호를 받는 저작물이므로 무단전재와 무단복제를 금지하며, 이 책
내용의 전부 또는 일부를 이용하려면 반드시 저작권자와 휴앤스토리의 서면동의를 받아야 합
니다.
*파손된 책은 구입처에서 교환해 드립니다.   *책값은 뒤표지에 있습니다.

*〈KOMCA 승인필〉